為愛，竭盡所能

弱勢權益推手陳節如的奮戰之路

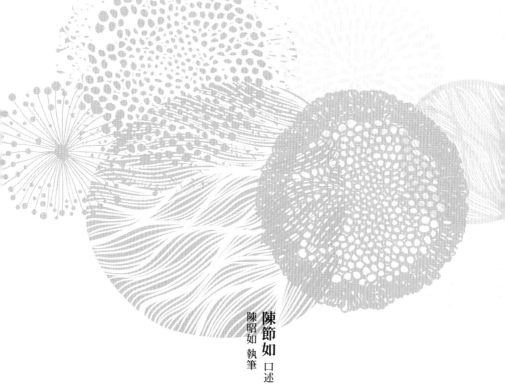

陳節如 口述
陳昭如 執筆

Chapter 3

走過重重障礙的日子

Chapter 4

慈悲的野心

Chapter 5

給他們一個機會

Chapter 6

責任與承擔

推薦序

她的熱忱與行動力，在土壤中栽下種子

情熱的な思想や実践は、土壌に蒔かれた種

久保厚子

陳節如女士有感於台灣的智能障礙孩童未能接受正常的教育，於是決定挺身而出，希望讓每個孩子的就學權利都能獲得保障，於此同時，「中華民國智障者家長總會」也在她的努力下誕生。此外，她更與「中華民國智障者家長總會」共同努力，邀集台灣各界人才，強化協會功能，並且傾力促成各地家長協會的成立。

這段期間，陳節如女士前往日本的「失智症老人團體家屋」（Group Home，四～六人一起住在一般民家，接受照護也如同親友般共同生活的場所）、小規模

的工作室、白日護理中心、特例子公司等障礙者福利機構參訪。她對於有障礙的孩子及台灣障礙者的現況與未來感到憂心，於是滿懷熱情地號召群眾呼籲政府，並致力於培育家長協會的人才。於此之際，她更參選成為立法委員，站在弱勢者的處境，為提倡台灣的社會福利制度投注許多心血。

陳節如女士之所以投身於這條路，來自於她自身在育兒時的辛苦經驗，為了和她有著相同處境的人們，她懷抱著無論如何必須要做點事的強烈決心，奉獻至今。

藉由她的行動，嶄新的社會福利逐漸制度化。過往對社會上弱勢族群的福利制度是以「慈善」為出發點，陳女士讓這樣的制度產生了相當大的轉變，可說是一股強大的力量。

她的熱忱與行動力，如同在土壤中栽下種子，藉由一個個志同道合的人們萌芽開花，結成纍纍的果實。

我們日本的育成會（家長協會）於一九五二年成立，當時仍是民眾對障礙者抱持著嚴重偏見與歧視的時代，「我的孩子也想受教育！」「我的孩子也享有人權和幸福！」在三位母親殷切的呼籲下，如今和全國認同此理念的父母們，一起邁向了第六十五個年頭。

協會目前擁有二十五萬名成員，日本全國都道府縣和其下大部分的市町村都設有分會。也因爲是全國性的組織，所以日本政府在制定障礙人士的政策時，一定會先諮詢育成會（家長協會）的意見。

對政府提出各種呼籲，也從旁協助政府施行以障礙者爲出發點的政策，透過這樣的互動與持續的推廣，改變了日本的社會福利制度，在一些新制度與法令的修訂上，也扮演了重要的角色。

當年發起育成會（家長協會）的三位母親所付出的努力，我們始終銘記在心，今後也會持續把這樣的熱情確實地傳遞下去。

從這樣的觀點來看，在培育台灣的障礙者福利與社會福利制度的基礎上，陳節如女士有著極大的貢獻。她的熱情、思想與行動令我們獲益良多。

本書記錄下過去這些年在社會福利特殊化與制度政策化多所貢獻的陳節如女士的半生與成就。她讓我們知道台灣的社會福利制度在尚未成熟的時代，透過哪些實際行動逐漸發展落實。我認爲了解這些對現今與台灣社會福利息息相關的每個人也是很重要的事。

長期推動日本障礙者福利的我們了解陳節如女士的經歷後，深受啓發。希望這本書能成爲讓每位障礙者的人權都獲得尊重，以及幫助社會大衆與政府建立充滿關懷環境的教科書。

我期許陳節如女士的持續活躍，以及本書在台灣福利推動上更進一步的貢獻，這是我對這本書的出版謹致的推薦之詞。

（本文作者爲日本手牽手育成會全國會理事長）
全国手をつなぐ育成会連合会（INCLUSION JAPAN）
会長　久保厚子（PRESIDENT ATSUKO KUBO）

序曲
意外的人生

二〇一六年初春，一個飄著毛毛雨的週末，智障者家長總會資深幹部座談的現場卻是暖烘烘的。不是因爲天氣熱，而是全台家長彼此熱情的擁抱與敘舊，讓整個會議室始終洋溢著一股暖意。

二十多年來共同打拚的記憶，維繫著彼此的情誼。看著這群熟悉夥伴的臉孔：雷游秀華、陳誠亮、楊憲忠、李明龍……大家都老了、頭髮都白了，但只要提起智障者的教育、就業、安養、法律議題，每個人都還是滔滔不絕地談著我們的社會責任、未來的方向與目標。從他們的眼瞳中，我依舊能看見點點火光。

照理說，像我們這群六、七十歲的人早該退休交棒了，何必這麼積極參與？

這些令外人不解的熱情與毅力，究竟從何而來？

我想，他們應該跟我一樣，總認爲自己還能做點什麼，好讓同樣的心痛，不再發生在其他家長身上吧！

我是個很簡單的人，只想簡簡單單過日子。從來沒想到，做了十幾年家庭主婦之後，竟會全心投入社福運動、走上街頭、到世界各國參訪，結識了許多一輩子的好友。如今回想起來，還是覺得很不可思議。

這一切，都是因爲我的兒子昆霖。

身爲一個智障兒的母親，我知道哀傷如何消磨人的意志，也知道沮喪如何破壞人的希望。每次看到絕望的家長親手結束孩子的生命、尋求一了百了的新聞，心裡就有說不出的痛。自己的小孩，血脈跳得那麼近，就算身體有缺憾，如果不是迫不得已，誰願意放手？只是有人夠堅強，還撐得過去，有人一時軟弱，就放棄了。

照顧智障兒不是一年、兩年的事，而是一輩子的負擔，這種壓力實在不足爲外人道。但我從來不讓自己沉浸在悲傷的情緒裡，因爲我知道，孩子需要我，未來的路還很長，只要我勇敢地站起來，孩子就有希望。或許有一天，我可以把這樣的經歷，轉變成對他人有益的事！

然後，機會來了。一九八七年，我無意間在報上看到心路基金會即將成立的消息，就像是開啓了我的心，也爲我開出了一條路。日後我陸續創辦了「台北市智障者家長協會」「中華民國智障者家長總會」「財團法人育成社會福利基金會」「社團法人台北市社會福利聯盟」「社團法人台灣社會福利總盟等團體」，積極爭取相關法令及措施的改變，促成許多服務機構的設置。生命如此毫無預期地轉了個大彎，完全超出我的想像。

二〇〇八年，我的人生又出現了另一個重大轉折——擔任民進黨不分區立委。

我知道，民進黨邀請我擔任立委，在於我不只代表我自己，更代表其他家長，我不能只爲自己著想。何況人家做不到的，我向來很願意一試，我要挑戰的不是別人，而是我自己。

背負著眾人的期待，我進入了立法院，期許自己能催生出更多進步的法案。擔任立委八年期間，我陸續修正並通過了《特殊教育法》《社會救助法》《兒少法》《身心障礙者權益保障法》《住宅法》，以及「成人監護制」「社會福利稅制」「機構用地租金」「電價優惠」等相關法案。或許我做得還不夠好，但我自認已盡了全力，問心無愧。

這些年來，身心障礙者的就醫、就學、就職及養護環境已有相當大的進展，這些當然不是我個人的成就，而是集結眾人之力達到的成果。曾任育成基金會董事長的藍朝卿說得很好：「世上只有革命人權，沒有天賦人權。」如今身心障礙者擁有比過去更好的服務，更多的權益，這是我們一起奮鬥來的，而不是坐在家裡，就有人奉送上來的。

這是一條需要長期奮鬥、無法回頭的路，不管多麼困難，爲了孩子，我們只能往前衝。

我常說，人的一生會碰到什麼樣的人，遇到什麼樣的事，本來就沒得選。既然這是必修的功課，就認認眞眞地修吧！歡喜做，甘願受，人生就會有不一樣的風景。

我很感謝昆霖。因爲他，讓我急躁的性格變得更有耐性，也更爲寬容；因爲他，讓我懂得從不同的角度看世界，也體認到人生是多麼難得的一趟旅程。

我在少女時期便經常思考：「人活在世界上，究竟有什麼意義？」胡亂想了半天，都沒什麼結論。現在的我已經有了答案：「人活在這個世界上，是爲了幫助別人。」參與社福工作近三十年，或許我做的還不夠，但只要想到能替身心障礙的朋友多做點什麼，能在未來多留下點什麼，我的人生已有了意義與價值。

我已經七十多歲了，身體還算硬朗，不過我終究是個凡人，總有離開的一天。我想在我離開的時候，不會有太多恐懼或哀傷，因爲我知道，就算我不在了，昆霖在衆人的關愛與越來越進步的制度下，一定可以得到很好的照顧。

不論我能活到幾歲，我的一生，已經足夠。

Chapter 1

故事的開始

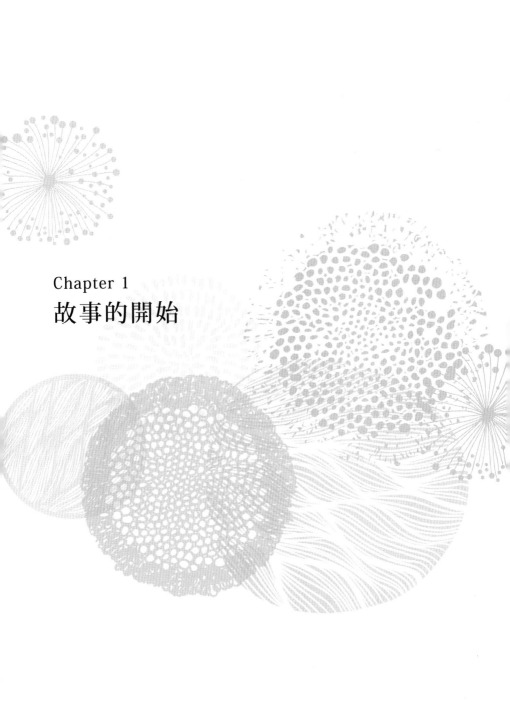

1 四十年前的一個紅包

我很喜歡走路，尤其是在城市的街道上亂走亂逛。

平時我工作很忙，沒什麼機會四處閒晃，所以只要有一點零碎時間，譬如會議與會議之間的空檔，我就會沿著街道隨意走走，看看附近新開了什麼店，裡頭賣什麼東西。有時興致來了，我會跑去問老闆說：「你們生意這麼好，是不是有什麼祕訣？隔壁餐廳顧客那麼多，他們東西有特別好吃嗎？對面那家賣年輕人潮服的小店怎麼倒了？你知不知道爲什麼？」

對好奇的我來說，每棟建築，每個店面，就像通往不同的世界。研究與了解店裡販售的商品、布置陳設、動線規畫、使用建材，就像是了解各式各樣的生活，我覺得好玩極了。

一個春末夏初的下午，某個離家不遠的會議提早結束，我沿著和平東路慢慢走回家。紅磚道兩旁的路樹正開得茂盛，走著走著，隔著不到二十公尺，發現昆霖和他爸爸走在我的前方，昆霖緊緊握著爸爸的手，緩緩向前移步。這是他們每天的例行活動。

他們走到銀行前面，再來是麵包店、畫廊、機車行，然後是排了長長人龍的蘿蔔絲餅店。我不確定他們的目的地，是要過馬路？走到前面的公車站？還是直接回家？我本來想走快一點好追上他們的腳步，但終究沒有這麼做。

看著他們父子的背影，一陣複雜的情緒湧上心頭。隔著二十公尺，就像是隔著四十年的驚心歲月……

已經四十年了。

那時昆霖才六個多月大，是個老是笑瞇瞇、胖嘟嘟的小娃娃，很得大家疼愛。就在我們仍沉醉在新生兒誕生的喜悅之際，剛學會翻身的他在爸爸上洗手間的二十秒，不知怎地從床上跌落下來。

我們急忙把他送到醫院急診室時，他已經開始翻白眼，連呼吸都有困難了。

我們輕觸他的手掌與腳掌，沒有出現手掌抓握或腳掌外張等應有的神經性反射。我眞的慌了。

主治醫師語氣不太肯定地說：「可能是顱內出血，壓迫到腦幹神經……先追蹤觀察一段時間，再看看吧！」

沒想到，醫生「追蹤觀察」了三、四個星期，只是消極地維持生命現象，沒有進行任何治療。而且日後出現在診間的永遠只有住院醫師，至於主治醫師，我們再也沒見過他。

我們夫妻倆傻傻的，以爲只要把昆霖送到醫院，醫生就會竭心盡力地救治他。可是我們等了又等，卻怎麼也等不到院方任何積極的處置。

朋友看我們每天坐在醫院裡枯等，覺得再這樣耗下去也不是辦法，私下勸我們：「塞個紅包吧！反正大家都是這樣。」

朋友的建議著實讓我們大吃一驚，尤其剛從美國留學回來的先生更是不以爲然。他很生氣地說，救人是醫師的天職，爲什麼還要病人送紅包？這種事，他做不來！

我聽其他家屬七嘴八舌地說，通常醫生收紅包會有所暗示，例如：「這個病很難治，要不要轉院？」「目前醫院沒有病床，要不要回家等候通知？」意思就是要你送紅包。可是昆霖已經躺在醫院快一個月了，從來沒人跟我們說過這些話，就連暗示也沒有啊！

我們繼續陷入漫長無止盡的等待，等待有一天進來病房的，是大名鼎鼎的主治醫師，聽他親口說，昆霖還有希望。

跟昆霖住在同間病房的是個意外造成腦傷的孩子。我看他進了開刀房，動了手術，逐漸恢復健康，心想，不能再這樣等下去了。我瞞著先生，偷偷包了紅包請人送去給主治醫師，希望這點小小的心意能讓昆霖得到更好的照顧。第二天，神龍既不見首、也不見尾的主治醫師果然出現了。他明快地告訴我們，昆霖的情況不太好，必須立刻安排腦神經外科手術。

然而，一切都太遲了。或許是傷勢太嚴重，或許是延誤了時間（那時候台灣還沒有MRI磁振造影的技術，如果有的話，昆霖就不會那麼慘了），昆霖大部分與腦相關的功能都受到嚴重的損傷。他變成重度智障，左手與左腳幾乎無法行動，視力差到只能見到光影，而且還有頑性癲癇，必須長期服藥。

我呆立在原地，腦筋一片空白。

我曾經阿Q地想過，會不會是醫師弄錯了，昆霖還有恢復的希望？但我很快告訴自己，想這些有的沒的，一點用都沒有，既然事情發生了，就認了吧。哭天喊地、怨天尤人，這不是我的個性。

我了解，這輩子我永遠有個很深的遺憾，也清楚我的生活將永遠改變。但我也明白，時間會弭平所有的傷痛，讓我坦然接受一切。

昆霖是我的孩子，我會好好珍惜、照顧他一輩子。

這不是義務，是我心甘情願。

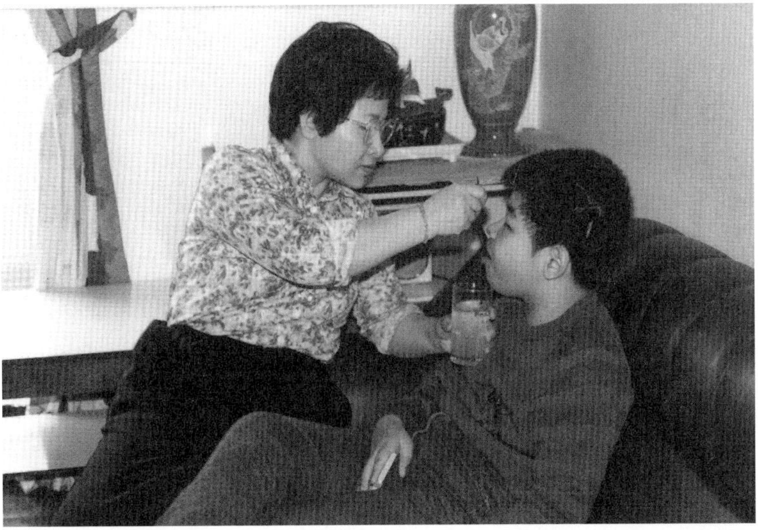

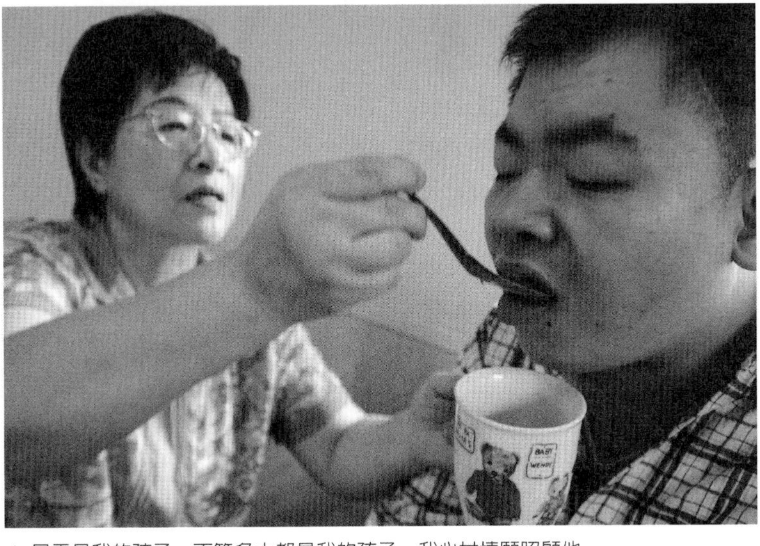

▲ 昆霖是我的孩子，不管多大都是我的孩子，我心甘情願照顧他。

2 混亂中的摸索與學習

每天早上起床，就像展開一趟驚心動魄的冒險。那種牽腸掛肚的擔憂與緊張，若不是智障兒的父母，是永遠無法體會的。

譬如說，今天該怎麼讓孩子乖乖張嘴吃飯、換衣服、洗澡、睡覺，這些對其他孩子來說輕而易舉的事，對昆霖來說卻非常困難。不過日子久了，餵飯、刷牙、把屎把尿這些事還算輕鬆，我也越做越順手，我最擔心的，是昆霖的健康，我最害怕的，就是他生病。

自從知道昆霖再也無法恢復健康，我跟他爸爸只有一個心願，就是讓他活得健康快樂。昆霖不太懂得表達自己的需求和感受，每次只要發燒或拉肚子，都嚇得我一身冷汗。幸好他還算是個健康寶寶，身體出了什麼狀況，通常只要吃點藥，補充點營養品，大概就沒事了。

昆霖的雙腳無力，不靠別人協助站不起來，一直躺在我特別爲他布置的榻榻米房裡。很多人說：「像你兒子這樣，這輩子大概別想站起來了！」可是我不死心，從昆霖一歲半起，我每週帶他去做復健，一星期做兩次，一做就是十八年，從來不曾間斷。昆霖八歲那年的某一天，突然扶著牆壁慢慢站了起來，我想，那應該是我有生以來最快樂的一天了。

既然他會站了，我們這對「貪心」父母的野心更大了。我們希望他學會自己走路。

每天下午五點鐘爸爸下班，是昆霖與爸爸專屬的散步時間。除了爸爸出國開會，或是氣象局發布颱風或豪雨特報外，父子倆總是風雨無阻地出現在師大校園、夜市，有時也會走到台大或大安森林公園，數十年如一日。

昆霖只能以小碎步緩緩前行，然而他的一小步卻是我們家的一大步，每次看他歪歪斜斜地走過來，我就高興得不得了。過去奧運選手紀政不是在推行「日行一萬步，健康有保固」嗎？如果她要找活動代言人，我願意免費出借昆霖，他每天走那麼多路，根本就是活廣告。

昆霖出生的七〇年代，正是台灣快速向上發展，累積財富的時代。人人視賺錢爲第一，什麼是「身障人權」，什麼是「社會福利」，沒人知道，也沒人關心，像他這樣的孩子是被整個社會忽略的。該怎麼照顧智障兒？我們既沒人可以問，又沒有書籍可以參考，一切只能土法煉鋼。

昆霖的記性還算不錯，見過什麼人，對方叫什麼名字，全都記得一清二楚。抓住這點優勢，爸爸東想西想，自行研發出一套「錄音帶教學法」，把想教給他的事，統統用錄音機錄下來，再反覆播給他聽。

例如，我們會在睡前跟他複習，今天去了什麼地方？我們去看了醫師、去公園玩、去吃了麵、買了什麼東西……然後把這段話錄下來，不斷地播給他聽，一方面是訓練記憶力，一方面是訓練說話能力。昆霖一遍又一遍聽著錄音帶，慢慢了解一天作息是從刷牙洗臉開始，以上床睡覺作爲結束，生活變得很規律。不過或許是我們訓練得太好，讓他生活「太」規律，所以每天傍晚，只要巷口的垃圾車響起「少女的祈禱」的音樂，他便堅持要上廁所，而且不上不行，非上不可，有時一坐馬桶就是一個小時，弄得我們哭笑不得。

我也常會跟昆霖說白雪公主、灰姑娘的故事，然後用錄音機錄下來，一次次播給他聽。有回他聽到一半，突然逕自接著說下去，還改編了部分情節。當我聽到他說出「昆霖版」的白雪公主時，簡直像中了樂透彩一樣高興，誰說付出不會有收穫呢。

昆霖很喜歡聽音樂，只要一聽音樂，情緒就會很平靜。他喜歡的音樂範圍很廣，小時候喜歡〈梅花〉〈中華民國頌〉，還有〈天黑黑〉〈燒肉粽〉，而且百聽不厭，一邊聽，還會一邊打拍子。當時為了錄這些帶子，不曉得用壞了多少部錄音機。拜科技之賜，現在有了MP3，讓我們省事不少。

每逢星期假日，我們就會帶他到公園、遊樂園玩，參加家族聚會或婚喪喜慶等場合，我也會把他打扮得整整齊齊的，帶著他一起出席。誰說智障的孩子只能目光呆滯、流著口水，歪歪倒倒坐在輪椅上任人擺布？至少我們昆霖的童年不是如此。

照料昆霖稱不上快樂，但讓我很有成就感，我從來不覺得帶他出門，在眾目睽睽之下把食物剪碎，再小口小口餵他，或者帶著他去上廁所，有什麼好丟臉的。偶爾有好奇的路人指指點點，我也毫不在意。別人要怎麼想，怎麼看，關我什麼事？不要理他們就好了。

我有位先天視障的表姑，人長得清清秀秀的，又彈得一手好鋼琴，我們小孩子都很喜歡她，經常主動讀報紙、讀小說給她聽，親戚朋友也從來不把她視爲異類。表姑的一生過得平安健康，婚姻生活也很美滿，如今回想起來，我從小對弱勢者就有種特殊的感受，就是因爲表姑的緣故。

或許無私的親情，總是讓人比較容易無條件地接納殘缺的生命吧！

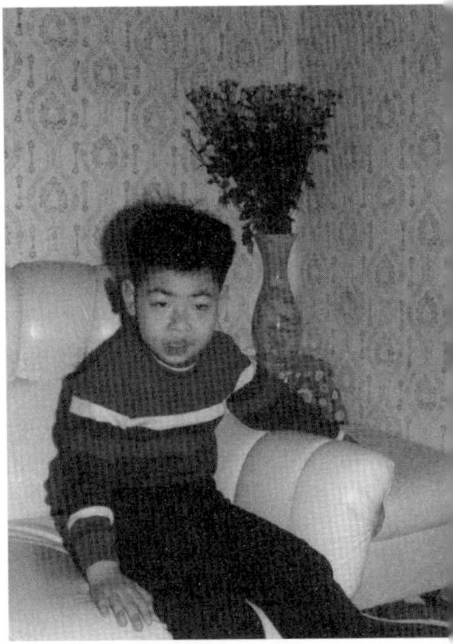

▲ 每逢假日，我都會把昆霖打扮得整整齊齊，帶著他出去玩或參加家族聚會。

3 親情的滋味

自從結婚以後，我們家的三餐都是我親手料理，洗衣、拖地、叫瓦斯、購買日用品、找人修水電水管，也統統都是我的工作。雖然每天要處理的事情很多、很瑣碎，我還是可以一肩扛起來，這可能跟我的成長背景有很大的關係。

我出生在宜蘭的一個傳統家庭，身爲長女，當大人忙於工作時，家事自然就會統統落到我頭上，包括照顧年幼的弟弟妹妹。因此我從小便練就了一種本事，可以一面背著他們，一面跟鄰居小孩玩，說起來，他們都是在我的背上度過襁褓期的。

念小學的時候，爸爸規定我每天吃完早點要把玄關的地板擦乾淨，才能出門上學。中午回家吃完飯，必須把所有碗筷全部洗乾淨，才能回去上課。有一次幾個同學跟我回家吃午飯，眼看上課時間就快到了，廚房還有一堆碗盤沒洗，我心裡急得要命，幸好同學二話不說，立刻捲起袖子幫我把碗筷洗了，再一起跑回學校才沒遲到。

或許是從小做慣了家事，養家育兒對我來說並不是什麼難事，難的是除了照顧昆霖，還得照料既遠庖廚，也遠掃把的爸爸，以及另外三個孩子（昆霖是老二，上面有一個姊姊，下面還有一個弟弟、一個妹妹）的生活，每天光是替孩子洗澡、燙上學穿的制服、做第二天的便當、做全家人的晚餐，就忙得昏天暗地，不知今夕是何夕。

如果碰到小孩感冒，一人中鏢，全家中獎，那就更慘了。有時實在應付不來，只好硬著頭皮請我媽媽來幫忙，一通電話，她就會從宜蘭老家趕來幫我料理家事，再匆匆趕回家。她是那種直話直說、不多寒暄的人，但只要我有需要，她就會以實際的行動支持我，幫助我度過難關。

忙亂的日子就這樣不知不覺地過去了。偶爾臨睡前躺在床上，腦海想起其他幾個孩子，我不免有很深的愧疚感。他們嘴巴不說，我心裡明白，擁有昆霖這麼特別的兄弟，他們一定承受很大的壓力，也遭遇過不少訕笑。他們不明白媽媽爲什麼比較照顧昆霖，但他們年紀都還那麼小，我要怎麼跟他們解釋？而且我覺得，有些感情是不太需要說出口的。

時間久了，孩子們慢慢接受了昆霖更需要媽媽的事實，也逐漸接納了昆霖作他們最好的玩伴。他們知道昆霖喜歡聽音樂，經常主動買流行歌曲的卡帶給他，所以昆霖的音樂品味一直很跟得上時代。昆霖姊姊很貼心，知道他特別喜歡哪幾首歌，會把這些歌從不同卡帶裡拷貝出來，再轉錄到他專用的帶子，讓他聽個過癮。

弟弟從小就跟昆霖特別親，四歲就會拿湯匙餵哥哥喝水，兄弟倆老擠在一張沙發上一起聽音樂，直到今天還是如此。前陣子昆霖動不動就摔跤，我們懷疑是腦神經方面出了問題，一直抽不出空帶他去看醫生。弟弟知道了以後氣呼呼地說：「爲什麼不馬上帶哥哥去做檢查？這種事怎麼能拖？萬一拖出問題了，怎麼辦？」

過了兩天，弟弟特地跟公司請了假，陪我們帶昆霖去醫院。他小心翼翼地攙著哥哥走出家門，上車時摀住他的頭避免撞到車頂，等哥哥坐進車子又幫他抬腳，讓他安安穩穩坐定位，才放心地載我們出發。看著弟弟連這麼小的地方都注意到，我心裡有點震動。

最近看到一個統計數字，過去十五年中，台灣四十五歲以上智障者大幅增加了百分之八十八，可見智障人口結構正在快速老化，這是個很值得重視的問題。尤其擔任照顧角色的都是父母，一旦父母老了，身體不行了，手足是否願意承擔照顧的責任？就算他們願意，是否承擔得起？

我曾聽說有哥哥在父母雙亡後，逼著智障弟弟辦理拋棄繼承權，拿走所有的財物。也曾見過照顧智障哥哥幾十年，終身未娶的弟弟。到底是那個哥哥特別無情？還是那位弟弟特別有情？別人的家務事，外人只能霧裡看花，實在很難評斷，但還是不免感慨。

每個人有不同的命，這點我很早就有所領悟。所以，我從來不要求孩子們非照顧昆霖不可，也盡可能公平地對待他們，滿足他們每個人不同的需要，他們想做什麼，就做什麼，我一定全力支持，從不加以干涉。每個孩子都有他們自己的人生，我不希望他們爲了昆霖而犧牲自己。

不過孩子終究是長大了，慢慢能夠體會老爸老媽的苦心。看到他們對昆霖的百般照顧，我覺得很欣慰。

因爲意外而造成殘缺，當然是一種遺憾。不過和其他障礙者比起來，我覺得昆霖算是幸運的——爸媽有能力照顧他，兄弟姊妹呵護他，他得到了我們全部的愛。或許，這就是他殘缺人生的補償吧！

▲ 昆霖的弟弟從小就跟他特別親近。

Chapter 2

人跡罕至的那條路

1 改變一生的事

一九八三年，台灣剛解除戒嚴，美麗島事件是四年前的事，林義雄家的滅門血案仍讓人餘悸猶存，民進黨要等到三年以後才成立。那時蔣經國是總統，李登輝還在當省主席，沒人想到未來他會成爲第一任民選總統。

台灣社會的劇烈變動似乎與我沒什麼關係。我關心的只有昆霖的健康，政治領域的事，完全不在我的視野裡。

直到某天報端上一則新聞引起了我的好奇心。

有個叫做「第一兒童發展中心」的社福團體，帶著智障者搬進台北市信義路五段楓橋新村的新家時，迎接他們的竟是「不歡迎，不妥協，回去吧！」「第一中心滾蛋」「反對第一中心非法入住」的海報。憤怒的住戶還把打算作爲庇護工場的地下室加上大鎖，不讓工人進去裝修。

爲何住戶有這麼強烈的反彈？根據報上的說法，他們認爲智障者「有礙觀瞻」「有攻擊性，影響孩童的安全」，不希望這些孩子住進來，打攪他們原本平靜的生活。

那年昆霖剛滿八歲，是個乖巧的小孩，我很難想像竟然有人認爲智障兒「有礙觀瞻」「有攻擊性」。但我更好奇的是，「第一兒童發展中心」是什麼樣的單位？他們在做什麼？這些孩子的爸媽呢？他們是否跟我一樣，也有徬徨無助的時候，希望別人能拉自己一把？

（沒想到第一兒童發展中心的創辦人、曾任勞委會副主委的曹愛蘭，日後竟成了我們推動智障者權益的長期戰友。當然，這都是後話了。）

市議員想居中協調，住戶毫不領情，堅持抗爭有理，還說：「我們不是沒有愛心，也不是不同情智障。可是同情歸同情，誰想跟一群不定時炸彈做鄰居啊？如果是你，你願不願意跟智障兒住在一起？你們同情一百個孩子，誰來同情我們一千五百位住戶啊？」

住戶的反應讓我的心都寒了。人性的殘忍，有時真是無遠弗屆。

我一直默默追蹤這則新聞，一連追了幾個月，直到那群孩子在員警的保護下，七上八下地住進了楓橋新村。日後沉重的家務讓我沒有太多時間思考這件事，「楓橋事件」便漸漸自記憶中淡出了。

如果日子就這樣平靜地過下去，我會覺得是種難得的幸福。然而人生就是這樣，總是一點一滴，不著痕跡地有了轉折，在不經意的地方累積下來，等發現的時候，人生的方向早已經轉了彎。

隔了幾年，我從報上得知有一群家長正在籌組專屬智障兒的基金會，叫做「心路」。從這天起，我腦海裡便怎麼樣也擺脫不了這件事。

我自認盡了一切努力照顧昆霖，卻無法改變一個殘酷的事實——他沒有辦法接受正常教育，無法正常上班工作。等到有一天我們老了，沒辦法照顧他了，怎麼辦？如果能結合其他家長的力量，彼此加油打氣，情況會不會有所不同？

我來來回回想了好幾天，決定去找心路基金會的創辦人宗景宜。

宗景宜的女兒仙仙到一歲多才發現是重度智障，沒有口語能力，經常突然生氣，哭到昏厥，光是訓練她握住湯匙吃飯就花了三年時間，這跟昆霖費了八年工夫才站起來很有得拚。我們聊了一會兒，發現兩人理念滿接近，應該可以共事。

從此，我踏出長久以來蟄居在家的日子，義務協助心路基金會的籌備工作。

根據《非常時期人民團體組織法》第七條規定：「人民團體在同一區域內，除法令另有規定外，其同性質同級者，以一個為限。」那時台北市已有甘惠忠神父創辦的「中華民國啓智協會」，心路無法以家長協會的名義成立團體，便先發行《心路雙月刊》，以「溝通進步觀念、傳遞家長心聲、團結爭取權益」為宗旨，提供家長進行資訊與意見的交流。

《心路雙月刊》出刊之後，來自全國各地家長的信件有如雪片般湧進辦公室，讓我們十分振奮，也確信成立這樣一個溝通交流的平台，確實有其必要。一九八七年底，「心路文教基金會」在衆人的引領期待下成立了（一九九九年更名為「財團法人心路社會福利基金會」），這也是台灣家長團體發展史上一個重要的里程碑。

那個年代沒有什麼心智障礙醫療措施，公衛與社福單位的資源又很少，到底該怎麼做，我們沒有太多頭緒，只能拚命蒐集資料、奔走立法院、求見官員、向總統陳情，每天忙得不可開交。心路的幹部大都跟我一樣是家庭主婦，我們經常是趁著做家事的空檔，趕緊跑到辦公室開會，然後又急急忙忙地趕回家燒飯。

有次開會開到近午，某位幹部的先生打電話問她：「你怎麼還沒回來？那我中午要吃什麼？」嚇得她立刻回家做飯。事後我問她：「你幹嘛那麼聽話啊？叫你先生自己去外面吃，不可以喔？」不過這個人很乖，沒聽我的建議，每次只要接到電話，還是乖乖回家。唉，像我這一輩的女人還是太保守、太逆來順受了，不懂得爭取自己的權利。

一九九〇年，透過特教專家李淑信（新竹市常青啓智文教基金會創辦人，知名小提琴家李淑德的妹妹）牽線，心路基金會舉辦「日本身障福利觀摩團」，號召家長自費前往日本取經。有不少家長都是生平第一次搭飛機，緊張得要命，尤其是起飛跟下降的時候，很多人嚇到叫出聲來。

這次我們參訪的重點是「日本全國智能障礙者育成會」，簡稱爲育成會。育成會是個遍布全日本的家長聯合組織，最早是由三位智障兒的媽媽（加藤千加子、諏訪富子、廣瀨杜）成立的。原來東京都只有二十六個特教班，能去念書的孩子有如鳳毛麟角，於是她們透過在千代田區公所工作，也是智障者家長的花岡忠男協助，經過多次的串聯與懇談會，在東京YWCA舉行「智能障礙兒育成會」第一次全國大會，大家手牽手，朝向促進智障者權益的道路邁進。這也是「智能障礙兒育成會」又名「手牽手雙親會」的原因。

育成會透過家長集結的力量，督促國會跟政府正視智障者的基本權利，在政治上發揮了很大的影響力。例如日本政府在一九五三年決定設立「智能障礙兒對策小型委員會」，日後完成了「智能障礙兒對策基本綱要」，從此不論是法令、教育、醫療暨福利及勞工等部會，都必須根據這份基本綱要作爲施政基礎，都是育成會展現實力的具體成果。

這次的參訪令每個人大開眼界，尤其令我我印象深刻的，是某位學者語重心長地跟我們說：「台灣家長一定要團結起來，組織起來，才能迫使政府出面解決問題！」

這句話，就像是一記拳頭重重打在我的腦門，對我產生了特殊的意義。我想到育成會的創會宗旨：「拯救被遺忘的七十萬名智障兒，並將他們培育成社會上有用的人，此工作成爲政府及社會各界人士公認的重要課題。」對啊，如果家長自己不出來爭取孩子權益，還有誰會出來爲他們說話？既然日本家長做得到，爲什麼我們做不到？

我在心路董事會上引述育成會創會宗旨的那段話，建議基金會除了提供服務，更該建立家長網絡，擴大參與，可惜五位常董之中除了我以外，只有一位支持我的想法。我考慮了很久，決定自己跳出來，從組織台北市的家長做起。

在師大英語系念書時，曾經讀過羅伯特．佛洛斯特（Robert Frost）的詩：

Two roads diverged in a wood, and I—I took the one less traveled by,
And that has made all the difference.

（樹林裡有兩條岔路，而我，我選擇了一條人跡罕至的路，而這讓一切變得如此不同。）

路，是人走出來的。雖然我選擇的好像是一條人煙罕至的路，但我相信，只要有心，沒有做不到的事。

一個單純的家庭主婦就這樣走出了原本生活的小圈圈，成爲了社福運動的行動者。

2 不可能的任務

我聽過很多家長訴說無人理解、也無人可說的心酸。他們噙著眼淚，娓娓道出背著孩子踏遍醫院，四處尋找名醫、治療師，或是南北求神問卜，或是跪求學校「收留」的故事，有時一說，就是整整一晚上。

我不習慣向別人訴說心裡的事，也不常顯露個人的情緒，然而同樣身爲智障兒的媽媽，我很了解他們的挫折，也很能體會他們的心情。在照顧孩子的這條路上，我們既沒有資源又沒有管道，只能一再嘗試，卻一再地失敗——因爲政府漠視孩子的需要，家長個人又無能爲力，如此惡性循環，問題當然無解。

日本育成會的成功讓我萌生籌組家長團體的念頭。那時台中市、高雄市已有地方性家長團體（不過這些團體名之爲「家長團體」，實際上仍是由專業人士支持與領導），作爲首善之都的台北市卻付之闕如。只是人海茫茫，要到哪裡去尋找志同道合的夥伴？

我靈機一動，跑到台北市社會局請他們幫忙。那時還沒有《個資法》，負責相關業務的小姐很熱心地提供了一份智障家庭名單，我們分頭邀請家長來參加座談，商量籌組團體的可能性，記得幫忙打電話的除了幾個家長之外，還有羅秀華（曾任智總祕書長，現任輔大社工系教授）和簡明山（現任台北市政府勞工局執行長）。我們運氣不錯，不管是打電話或親自邀請，成功率都還滿高的，經過一年多的聯繫與溝通，全台北市十二個區終於都有家長代表，符合成立團體的最低門檻。

但問題來了。協會成立之後誰來當理事長？沒有人有經驗，大家都推來推去的，不敢承擔。

進行分區座談時，我注意到有位台大化工系的教授很積極，提出來的意見很有建設性，應該是不錯的人選。有次開完會，我特地把他留下來遊說：「好啦，你出來當理事長啦！」他一再推辭說自己工作很忙，又沒有經驗，勸了好幾次都不肯。我答應他：「只要你願意出來（當理事長），我來當你的總幹事，這樣好不好？」

日後「台北市智障福利協進會」（後來更名為「台北市智障者家長協會」，簡稱「北智協」）成立，那位年輕帥帥的教授，就是我們第一屆理事長陳誠亮。現在陳誠亮每次看到我，都說他當初是被我「物色」來的。

那是一九九〇年的事。

一九九一年，我們舉辦「日本智障教養機構考察團」，再次前往日本參訪。這回除了拜訪育成會，更深入了解了日本在宅身心障礙兒短期療育服務、生活能力訓練、巡迴療育諮詢、在宅緊急保護、智障者住宅方案是怎麼做的。

日本人心思很細膩，他們仔細觀察智障者食衣住行的不便，設計出很多輔具，像是各種弧度的湯匙，就算手腕無力的腦痲者也可以使用。坐輪椅洗澡時會先圍個塑膠帳，不只是防止水濺出來，也是維護障礙者的隱私。而且，照護者除了協助障礙者的食衣住行，還會跟他們說笑談心，臉上永遠帶著笑容。他們為障礙者的生活注入了生命力，這才是好的照顧。

這一幕幕讓我們有著很深的感慨。這些輔具與制度的背後，反映了日本人對於生命的尊重、對缺陷的包容，服務做到這種程度，真的讓人敬佩。負責日語翻譯的蔡媽媽甚至流著淚說：「如果台灣沒有被光復的話，該有多好……」

返回台灣的途中，大家熱烈地討論日本照顧制度與態度的優點。有人臨時提議，我們應該成立全國性家長團體，就像日本的育成會，督促政府爲障礙者提供高品質的照顧，說服政府這是迫切也必要的投資。

那時距離解嚴已經四年，然而大家對集會結社自由、向政府建言的恐懼，並沒有消失，「成立全國性家長團體」的訴求引起不小爭議。雖然支持的人不少，但反對的人很擔心，認爲大動作搞串聯是否會讓外界有不必要的政治聯想？既然如此，爲什麼要冒這種風險？

外界怎麼看、怎麼想，我不是很在意。我在意的是，眼下有那麼多問題，除了需要政府經費的挹注，更需要足夠專業人士的參與。但行政部門永遠說他們沒有經費、人才短缺，就算部分地方政府有心推動福利，也常面臨預算不足、難爲無濟的窘境。

有人贊成，有人反對，有人袖手旁觀，有人冷言冷語，這段時間發生的種種事情有時讓人心酸，偶爾也會心痛。我很珍惜大家努力打拚建立的革命情感，小心翼翼處理夥伴之間的緊張關係，勸大家有事好好談，不要老是擺出戰鬥的架勢，並且逐一說服每個人，如果因此造成任何問題或紛爭，我會一手承擔。最後經過多數幹部的同意，大家決定跨出串聯的第一步，成立全國性家長聯合團體。

我們沒錢又沒人，但有的是無人能敵的傻勁與衝勁。我們花了幾個月的時間，從北到南逐一拜訪各縣市家長團體，說明唯有團結才能形成力量，向公部門進行施壓。那陣子我一週七天，幾乎有五天半都在全台灣跑來跑去，真不知是哪來的力氣，如果國光號或台鐵可以像航空公司累積航程的話，我大概是什麼金卡或鑽石卡的ＶＩＰ了。

最後，我們說服了二十五個團體加入，共同組成「中華民國智障者家長總會」（簡稱「智總」），負責研究福利政策與法案，向中央政府提出政策建議，以及扮演監督政府是否落實政策的角色。

一九九二年一月五日，智總在中山堂舉行成立大會及第一屆第一次會員大會，公推雷游秀華擔任第一屆理事長。接下來一、兩年，南投縣、嘉義縣、高雄縣、台南縣和澎湖縣，相繼在智總的奔走扶持下成立家長團體，等於除了金馬地區之外，智總在全國都有服務網絡。二〇〇三年，金門縣身心障礙者家長協會加入智總，到了二〇一五年底，我們已經有四十個會員團體了。

所有的改變，都是從一個人開始，但沒有任何改變只靠一個人就能成就。從成立北智協到總會那段披星戴月的日子，我們面對了那麼多困難，承受了那麼多譏諷，家長都咬牙挺住了，每個人都無私地奉獻自己，自動自發地撥時間當志工，自掏腰包出國考察，不曾因爲重重的阻撓而放棄希望。

這群家長都是善良敦厚，有著菩薩心腸的好人，能夠與他們共同奮鬥二十幾年，是我這輩子感到最驕傲的事。

3 家長的力量

我認識許多研究智障問題的學者專家，對他們的認眞與熱情深感佩服，然而我心裡常有個疑問：爲什麼他們提出的方案都只偏重在智障者本身，忽略了父母及家庭的影響及需要？

我拚命收集資料，請教過許多家長、社工及國外友人，逐漸理出一個頭緒。智障者家人的困難與需要不像智障者那麼明顯而迫切，所以學者專家很容易把焦點放在特殊教育、教養服務及生活訓練這些個人問題，而沒注意到整體家庭的需求。換言之，他們並沒有從「家庭」或「家人」的觀點出發，全面看待智障者的困境。

身爲智障者的父母，我們比誰都清楚家庭的處境，包括智障者的狀況、父母的心理調適、家庭經濟條件、手足的態度。因此，唯有家長與專業人士攜手合作，才能爲智障者勾勒完整的生涯藍圖，督促政府具體落實這些藍圖，就跟英國的MENCAP、美國的ARC、法國的UNAPEI、紐西蘭的IHC及日本育成會這些家長團體一樣。

一九九三年，我們一群家長再度前往日本造訪育成會，接待我們的是七十多歲的皆川正治理事長，他同時也是日本中央身心障礙者對策協議委員會的會員。他說，這個委員會是由日本總理直接召集的跨部會委員會，成員包括政府部門及民間組織代表，委員會由總理親自主持，家長代表可以直接與總理交換意見，總理也能當場作出回應。這樣的溝通管道，一直是我們所欠缺的。

根據我對歐美社福發展史的了解，家長永遠是智障者受到妥善照顧的關鍵。我在擔任台北市智障福利協進會（北智協前身）總幹事時，便曾經提及家長的重要性：

廣徵會員就是我們推動政策最有效的定心丸，會員越多表示我們家長會越茁壯，會員的參與就是支持家長會最大的力量。我們每位家長應經常捫心自問：

『我對協會做了什麼？』而不是責問：『協會爲我做了什麼？』以當仁不讓的精神來聚集『眾力』與『眾求』。（「搭建家長會聯絡網之重要性」，《推波引水》一九九二年十月，第二十三頁）

我們都很清楚，建立全國家長的聯絡網，絕對是未來必須走的方向。可是，該如何說服更多家長走出來？

每個家長都可以想出各種理由，覺得不需要參加家長組織，像是：「顧孩子都來不及了，哪有那種時間？」「這種事說出來見笑，不要出來啦！」「我什麼都不會，不知道可以做什麼？」「參加這個要幹嘛？會不會惹上什麼麻煩？」

我知道從孤單無助的悲情走出來，有多麼的不容易。但很多時候走不出來，原因在於無法接受現實，過於在意外人眼光。所以只要有機會，我都會勸家長說：「這款的囝仔沒有別人會疼愛，只有我們自己來疼愛。如果連我們都放棄了，就一點希望都沒有了……所以我們要站出來，爲他們的未來著想啊，不然等到我們七老八十，照顧不了他們的時候，要安怎？」

我是個急性子，勸說家長時卻很有耐性。很多家長說，每次跟我談完後不只是心情變得輕鬆，好像也有了奮鬥下去的勇氣。他們的回饋也帶給我很大的力量，讓我知道自己不是孤軍奮戰。

做這種溝通聯繫的事，每天必須不斷說話，說到燒聲了還得說，是滿累的。很多人以爲我天生愛講話，其實不是。如果你去問我小時候的鄰居或同學，他們一定不相信這個陳節如就是以前那個「靜靜的，不太說話」的小孩。這跟我原來的個性眞的差很多。

以前只要聽說偏鄉或離島資訊少、資源少的地區有人想組織家長會，我絕對不會藏私，一定傾囊相授，還經常幫他們CO人、找經費資源，有的團體連理事長都是我替他們找的。在不斷進行說服與溝通家長的過程中，我發現自己還滿會搏撚（台語）的，跟每個人都很能聊，大概是這個緣故，所以家長都很願意跟我交心，也肯出面相挺。

有人問我是不是有什麼祕訣，爲何智總幹部的向心力一直這麼強？我想了半天，覺得自己好像也沒什麼「撇步」，大概是我這個人比較謙卑、低調吧。不過，不用像小英「謙卑」那麼多次，「謙卑」一次就好了。

在我勸說家長走出來的過程中，特別值得一提的，應該是智總的創會理事長雷游秀華。

我在籌組智總、四處招兵買馬的時候，曹愛蘭告訴我，她有朋友的孩子是智障，或許可以去接觸看看，這位朋友就是雷太太。

雷太太的兒子文策可能是生產過程出了問題，到了一歲多還不會坐，後來才知道是腦部受傷造成的腦性麻痺。雷太太在行政院科技顧問組擔任研究員時期，曾藉由職務之便，在衛生署第十五次科技顧問會議時將「發展遲緩兒童早期療育」納入主要推動政策。後來她爲了專心照顧文策，選擇放棄前途一片大好的工作，眞的很不簡單。

籌備智總時，理事長人選一直無法敲定。那時北智協的事已經夠我忙了，實在是分身乏術，我便慫恿雷太太：「要不然你出來接，好不好？」雷太太嚇了一跳，說：「那些家長我一個都不認識，是要怎麼接？」我說：「我本來還不是什麼都不懂、什麼人都不認識，沒問題啦！」說了好幾次，她才勉強答應。

雷太太最早跟我一起推動的倡議工作是早期療育（早療）。醫學界向來有「三歲以前，一年的治療等於三歲以後十年的療效。」「每投資一塊錢在三到四歲的發展遲緩兒童，追蹤到二十七歲，可以節省七塊錢。」的說法，也就是說，智障兒越早接受療育，越能及時發揮他們的能力，未來也可以減少家庭負擔與社會成本。

以日本早療制度來說，他們是透過保健所及社區保健中心（類似台灣的衛生所）實施嬰幼兒健康檢查，掌握嬰幼兒的發展狀況，一九七四年全國嬰幼兒的受診率就有百分之九十九，而且只要發現有疑似發展遲緩的孩子，就會轉介到療育單位。也就是說，日本政府在父母還懵懵懂懂搞不清楚狀況時，便已做好了一切準備。從全面嬰幼兒健康檢查，早期發現早期療育開始，進而透過制度性的照護措施，照護好孩子的一生。

反觀九〇年代台灣的嬰幼兒健檢還停留在打預防針，真的很落後。「如果當年台灣有早療制度的話，昆霖或文策的人生，或許就大不相同了。」雷太太這樣跟我說。

無法讓孩子及早進行早療是我們心中最深的遺憾，因此智總會訊《推波引水》創刊號的內容就是以「早療」為主題。我們花了許多篇幅介紹自閉症、唐氏症等當時社會還很陌生的名詞，並邀請台大小兒科王本榮醫師撰寫〈智障兒的早期預防、早期診斷及早期療育〉一文，從醫學角度說明智障確診後的療育問題，也提及社會對智障者應有的態度：

智障的存在是任何社會國家都必然存在的現象，所以智障的問題自然是社會體系共同的問題。是否賦予智障兒生命的尊重，健康者能否因自己健康心存感激，以人溺己溺之心對智障者付出關懷服務，是社會是否文明進步的檢證基準。我們不但不忍將「天譴輪迴」之說加諸於智障者及家族身上，我們也無權利以各種理由將智障學校、家園排擠在社區之外。

《推波引水》創刊號引起很大的迴響，許多讀者寫信或打電話來說，他們是看了雜誌才知道自己或朋友的孩子不是「大隻雞慢啼」，而是發展遲緩。每次接到這樣的回饋，我總是五味雜陳，因為照理說，這些資訊應該是政府部門要提供的，怎麼變成是我們在做呢？

《推波引水》陸續刊出許多有關早療的文章，主張政府應健全嬰幼兒身心健康制度、建立發展遲緩嬰幼兒通報系統、普及設立社區早療中心、積極培育早期療育專業人員等，這些都是極具前瞻性的觀念與想法。日後我們與民意代表合作，在一九九三年《兒童福利法》修法時，首度正式將早期療育列入其中，這是智總首次展現力量的一次小勝利。

一九九三年，透過雷太太的牽線，我們到香港拜訪「香港復康聯會」的祕書長袁志海，透過他的介紹，了解香港的早療服務制度與福利，像是嬰兒從出生至三歲，政府會提供免費健康檢查三次，如此一來，百分之九十的障礙都可以被篩檢出來。香港政府並設有智障通報中心可進行評估，而且療育費用很低，有的甚至不必付費。

我們認爲香港的早療制度與通報系統非常適合引進台灣，主動將這套服務流程提供給台北市政府。想當然耳，這樣一套繁複而嚴密的制度與做法，在公部門引起巨大的反彈，因爲他們過去從來沒想過或做過這種事。

我知道，這是公務員面對改變時的自然反應，所以花了很多時間與市府各單位進行遊說與溝通，向他們說明如果公部門再這樣一成不變，難免會與時代的需求脫節，屆時勢必面臨轉型的壓力。既然香港已經做得那麼好，我們為什麼不試試看？

經過八十多次大大小小的會議，台北市政府終於成立了全國第一個跨行政系統的早期療育綜合中心，將通報轉介、聯合評估與療育服務等納入服務項目。這也是日後其他縣市早療服務流程的主要依據。

雷太太卸下總會理事長職務後全心投入早療工作，她捐出自己房子，創辦「中華民國發展遲緩兒童基金會」，持續協助中央與各縣市政府建立早療服務系統，對台灣早期療育的發展有很大的貢獻。

姊妹登山，各自努力。我接替她扛下智總理事長的職務，仍持續倡議早療的重要性，促成早療經費首次正式列入社會福利服務補助要點，在二〇〇三年修訂《兒福法》時，成功說服朝野將療育費用補助列為法定必備項目……另外還有許多具體的成果無法一一細說。如今我很欣慰地見到，絕大多數智障兒都可受惠於這些成果，及早發現，及早治療，不必再經歷像昆霖這種「來不及」的遺憾。

智總成立二十週年時，台大物理治療學系的廖芳華教授說：「台灣早期療育能發展到目前這種階段，最大的功臣就是像『智障者家長總會』這些熱心的家長與其組織內的專業人員，他們了解到早期療育對孩子的重要性，因此愛屋及烏，推己及人，在自己心力交瘁之下，仍然熱心地倡議，並長期改善制度與服務架構，爲其他家長爭取權益。若不是這群家長的努力，台灣早期療育的制度就無法有目前這樣不錯的基礎。因此早療專業人員應該謙虛地學會怎樣跟家長合作，以使我們期望的孩子進步與家庭福祉能夠達到最大效益。」

回想過去揮刀開路的日子，確實還滿累的。但換個角度想，或許就是因爲環境很困頓，才練就了家長一身披荊斬棘的功夫啊！

失望之所在，就是希望之所在。相信我們「砍」出來的路，一點都不會白費。

Chapter 3
走過重重障礙的日子

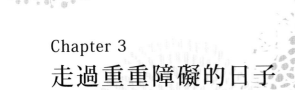

1 他不笨，他是我的孩子

每個人對幸福的定義可能不同，但絕大多數父母的心願不外乎是孩子考上好的學校、有份好的工作、身體健康、家庭美滿……

這些看似平凡的願望，對智障者的爸媽來說卻有如天方夜譚。因爲我們的孩子，連學校的大門都跨不進去。

一九八四年，教育部長朱匯森在立法院提出報告，指出六歲到十九歲的學齡人口中，大約有六十九萬名身心障礙兒童，其中接受特殊教育的只有百分之二。同年，智障者家長王光旭、吳瓏、鄭文正帶了請願書，上面有五百個簽名，送到總統府、國民黨中央黨部、行政院、立法院及教育部陳情，成功催生了《特殊教育法》（簡稱《特教法》），將原來偏重資賦優異者需求的版本，修改爲兼顧身心殘障者的權益，包括減免學雜費、給予獎學金等。這是一次具有劃時代意義的家長請願行動。

說來好笑，那時我既沒聽過《特教法》，也沒想過昆霖的教育，虧我們夫妻都是教育體系出身的，連他的就學權利都一無所知。當昆霖七歲收到新生入學通知單時，我什麼都不懂，只覺得他既不會走路，眼睛又看不清楚，恐怕沒辦法上學，於是直接跑到學校想了解狀況。校方一聽昆霖是智障，嚇得根本不敢收，我想，就算他勉強去學校大概也學不到什麼，就算了。

從此，再也沒有任何學校或教育單位的人跟我們聯絡，一次都沒有。後來我猛然一想，《憲法》第二十一條規定，人民有受國民教育的權利與義務，學校不收身心障礙生不是公然違憲嗎？他們怎麼敢這麼做？

智總剛成立那年，有位媽媽公開出面控訴兒子被老師用木條痛打數十大板，打到兒子精神分裂，住進療養院。她問老師，爲什麼對自閉兒這麼殘忍？一頭霧水的老師說：「什麼是自閉症？」傷心欲絕的媽媽不甘心，跑到學校抗議，校方相應不理，於是她去教育局陳情，但教育局也不予理會，最後她只好訴諸媒體，尋求輿論支持。

那段時間，智總一連接到好幾件不當管教案，發現家長們忍氣吞聲，就是怕孩子被貼上「難搞」的標籤，導致未來沒有學校願意收。有位媽媽哭著說，她不忍心孩子被體罰，請老師高抬貴手，結果反而讓孩子被打得更兇。她向地方政府陳情，負責的公務員卻跟她說：「你們家小孩殘障跟政府有什麼關係？……讓這種小孩受教育，根本就是浪費錢！」

爲什麼政府與學校容許這種事一再發生？《特教法》實施那麼久了，爲什麼問題還這麼多？這樣的教育環境，這樣的教育心態，讓我越想越生氣。

殘障聯盟召集了包括智總等各個障別的團體，討論是否要發起抗爭，直接向政府施壓。有夥伴苦口婆心地說，大家應該努力跟公部門溝通，尋求體制內的改革，不要輕舉妄動；也有人認爲，特教問題由來已久，教育部豈會毫不知情？眼看攸關重大的「全國教育會議」即將召開，教育部沒把特殊教育列入議程，擺明了沒把身心障礙者放在眼裡。那麼如果前去包圍「全國教育會議」會場，要求教育部長給個說法，如何？

各種想法衆說紛紜，最後大家一致決議——走上街頭。這也是智總和我的「街頭初體驗」。

一九九四年六月二十二日，將近一千名坐著輪椅、拄著拐杖，或在親友攙扶下走得歪歪倒倒的障礙者及他們的家長，在改編自〈兩隻老虎〉的歌聲中，浩浩蕩蕩沿著台北國際會議中心遊行，其中光是智總動員的家長就有六百多人，是聲勢最浩大的隊伍。

平常在路上看到一、兩位身心障礙者或許不足為奇，但一口氣看到幾百個坐著輪椅、拄著枴杖的人走上街頭，真的很引人側目。最後遊行隊伍停在會議中心門口，向裡頭正在開「全國教育會議」的官員喊話，要求盡快推動特殊教育，充分編列相關經費。我們寫了一封文情並茂的信給李登輝總統：

我們的社會過去多年來不斷地進步，國民越來越享有人權，但您可知道，在陽光的背後，還有多少殘障的孩子和他們的父母在黑暗中哭泣？……在台灣，有六萬個像您的孫女一樣可愛的孩子，卻因種種原因成了殘障兒，雖然少部分可得到特殊教育，但絕大部分不是在家「自行教育」，就是在學校裡「自行放牛」……身爲總統的您，忍心嗎？

當總指揮一字一句唸出信上的內容時，有夥伴一時情緒激動，忍不住抱頭痛哭。唉，誰想得到爲了孩子的教育問題，必須走到這一步呢？

六月初的天氣已經讓人感到灼熱，空氣悶熱又凝滯，讓我們一整個上午都很焦急，不確定教育部是否會有回應，也無法預料整件事會發展到什麼地步。等了幾個鐘頭，教育部長郭爲藩終於從會場出來了，他承諾「明年一定會召開全國特殊教育會議」，然後，他說還有行程要趕，隨即匆匆離去，這讓我們心裡有點不是滋味。

還好，郭爲藩並沒有食言，第二年如期召開「全國特殊教育會議」，智總應邀以家長身分參加，提供建議。與此同時，我們也參與民間版《特教法》修法，促成日後《特教法》第一次修法，規定中央政府、地方政府編列特教年度預算的最低下限，全國師範院校必須設立特教系，以及專業特教學校的設置。無論這個法令有多麼不完美，總算是個好的開始。

擔任立委之後，《特教法》修法自然是我的問政重點。憑著初生之犢不畏虎的氣勢，我強力遊說大家支持我提出的版本，包括各級政府應從寬編列特教預算，適用對象應擴及過動兒、自閉兒，每個縣市至少應設立一所特教學校，以及讓家長有更多法定的參與權利。

那時民進黨是在野黨，席次又非常少，我沒有太多的奧援。幸好《特教法》修法的目的是照顧弱勢，不容易受到政治角力氣氛的干擾，我逐一拜訪教育委員會分屬不同黨派的委員，請求他們的支持，經過數十次的協調，終於在二〇〇九年通過由我提出的《特教法》修正版本。

當王金平院長敲下議事槌，宣布《特教法修正案》三讀通過時，同仁紛紛跑來向我道賀。我心裡沒有太多喜悅，因爲我想到昆霖及過去許多沒機會受特殊教育的孩子，正如我在「特殊教育法三讀感言」說的：

我的孩子，從來沒有接受特殊教育的機會，現在已經三十四歲了，本席能夠深刻理解身心障礙學童及其家長面對的是一個不容許等待的就學環境，更能夠了解基層的特殊教育工作者在法規不完備、預算不充足、缺乏專業支持所會面臨到的無力感。

窮不能窮教育，特別是特殊教育，我們國家特殊教育質量的低落，欠這一群身心障礙朋友及他們的家長太多道歉。新的《特殊教育法》是一個里程碑，教育部應急起直追，全國身心障礙者家長們更應該振作起來，不要放棄對孩子的任何希望。

身心障礙者需要的不是奇蹟，而是適合的環境，醫療照護是如此，教育環境也是如此。他們或許喪失了多數人擁有的學習能力，但不代表沒有學習的需要。只要有愛與關懷的引導，他們照樣可以快樂學習，就跟一般孩子一樣。

面對問題的態度決定了它後面的結果，這是我從一次又一次的遊說與抗爭中學到的事。

2 死了一個小學生之後

昆霖透過爸爸發明的錄音帶教學法，學習狀況還算不錯。但我一直認爲，上學的目的不只是認字讀書，還應該包括學習人際互動與適應社會。只是昆霖沒念過小學，不知道有沒有機會直升國中？

我到附近設有特教班的國中詢問，校方的說法是：「沒有小學畢業證書，不能進國中。」

智障的孩子就算念了小學，不代表就會背注音符號或九九乘法，一紙畢業證書到底代表什麼呢？學校說，沒辦法，規定就是規定，沒有畢業證書，沒辦法收。我很不服氣，找了幾個家長去教育單位陳情，才終於讓吵著要跟姊姊一起上學的昆霖得以一圓求學夢。

特教班的學科不是學習重點，而是盡可能讓他們學會生活自理，建立正常人際關係。昆霖班上有些同學原本很容易退縮或受到驚嚇，上學之後明顯變得比較活潑、有自信，障礙程度輕一點的還能幫忙做點家事。至於我們家昆霖，只能學習養成上下課的規律，對我來說，這樣已經不錯了。

昆霖每天的作息是這樣的：早上起床吃過早飯，爸爸替他背書包（若有下雨的話，再替他穿上雨衣），從家裡牽著他慢慢走到學校，陪他上音樂、體育這些輕鬆的課程，吃點點心，再替他背上書包，牽著他一路慢慢走回家，他國中讀了三年，爸爸也陪了他三年。老師私下跟我說，他從沒看過這麼呵護孩子的爸爸，讓他非常感動。

學期末的音樂發表會，老師為昆霖安排了一個任務——敲木魚。那是個很適合他的角色，雖然動作規律簡單，但卻能讓他參與團體互動，又可以習慣在台上接受注目。發表會上，爸爸從頭到尾陪他坐在台上，握著他的手，隨著老師的指示，叮叮咚咚地敲著木魚。或許他無法清楚表達自己的感受，但從他臉上的表情，我知道他很開心，也為他的表現感到驕傲。誰說我兒子什麼都不會？至少，他會敲木魚！

照理說，智障孩子的就學權利不是沒有依據。一九九五年「全國特教會議」提出「零拒絕」的理念，一九九七年《特教法》第一次修法也明文規定「各級學校不得以身心障礙爲由拒絕其入學」，即使如此，還是有學校無視於規定，不讓他們入學。不會爬樓梯？對不起，我們不能收。不會自己上廁所？不收。注意力不集中？不收。情緒有障礙？不收。只要不是「正常」的小孩，一律不收。

也有學校不敢公然拒收，私下卻拐彎抹角地說：「我們老師沒有特教背景，你們要不要考慮轉到其他學校？我們學校沒有無障礙環境，很不方便，除非你們可以每天抱小孩上下樓梯，否則我們沒辦法照顧……」擺明了，就是想讓人知難而退。

智總在南部舉辦家長座談，有媽媽哭著說，她兒子不會自己如廁，老師又拒絕清理他的大小便，她必須三天兩頭往學校跑。有回她接到緊急電話，說兒子在學校拉肚子，要她立刻過去處理，她一時走不開，拖了一、兩個鐘頭才去，等趕到學校時，只見兒子一身穢物、可憐兮兮地站在教室外面等她。看到那一幕時，她的心都碎了。

心碎媽媽的聲音讓現場幾乎被眼淚給淹沒了。每個人幾乎都有類似的辛酸。是那位老師特別狠心嗎？倒也不見得。據我所知，很多老師都是趕鴨子上架，硬被派去教特教班的，他們對智障一無所知，又沒受過訓練，要怎麼教？這麼一想，我覺得那個老師不是沒有愛心，只是專業不足，又沒有資源支持，要她照顧智障生已經遠遠超過她能力的極限，才會做出我們看起來殘忍的事。

彭友霖，一個十歲的孩子，被發現陳屍在就讀的台南啓智學校。家長接獲通知趕去學校時，校方說孩子是自己跳樓摔死的，而且屍體已經火化了，沒有辦法認屍。

原本活蹦亂跳的孩子爲什麼突然跳樓身亡？校方爲何急著把他火化？這裡面有太多疑點，讓人無法理解，更難以接受。友霖的爸爸找上智總，希望我們找出兒子眞正的死因。

我們到學校了解情況，發現友霖的屍體並沒有被火化，全身上下布滿大大小小的瘀青。如果是自己墜樓身亡，就算身上有瘀青，但不會連臉上、肚子上都有吧？我們懷疑他可能是管教過當的犧牲者，只是懷疑歸懷疑，並沒有任何證據，最後檢方也查不出疑點，案件以不起訴終結。

林煜傑，十三歲，連續兩年被啓智班的林姓導師拳打腳踢，甚至用手指戳他眼睛，導致眼睛失明，並出現無法言語、情緒不穩、沒有安全感等症狀。

煜傑媽媽說，每次只要煜傑被揍，林老師就苦苦發誓絕不再犯，還會簽悔過書，可是過沒多久又故態復萌。煜傑失明之後，他們四處陳情，學校教評會卻昧著良心，不但沒有懲處林老師還讓她繼續任教，年年考績甲等，煜傑爸媽雖然氣憤難平，但也束手無策。

這件官司纏訟了十幾年，煜傑爸媽的心也糾結了十幾年。後來林姓老師被判處一年有期徒刑，依減刑條例減爲六個月，可以易科罰金，判了等於沒判。直到現在，我都忘不了煜傑爸媽聽到宣判時的模樣，那是揉合了憤怒與絕望的神情。

我看過許多老師的熱情漸漸磨到沒了，變成行屍走肉一樣。爲什麼會這樣？因爲特教生需要的，不只是身體的照顧，還包括情緒的關懷與愛，這個過程很辛苦，很受挫，不是人人都可以勝任。如果教育觀念不改，背後沒有團隊支持，身邊又缺乏熱情的同儕，就算再有心，也會感到倦怠。

這些年來，我們不斷思考該如何制定法令、議題倡導、擴大師資培訓管道、提供更好福利及待遇等方式，解決特教專業人才不足的問題。但有時我也懷疑，就算法令變嚴格了，工作條件改善了，如果老師只想找個鐵飯碗，喪失了教學的熱情與初衷，那又有什麼用？

這些家長對學校的要求眞的不多，只要孩子平平安安、健健康康就謝天謝地了。就算進了學校，我們也不指望他們可以進台清交或是當醫生做律師，只要老師能多照顧一點，多包容一點，讓他們可以生活自理，就夠了。

智障孩子在學習上是比較困難，但不是沒有學習能力。唯有老師願意投注更多的時間與精力，以耐心、信心與毅力爲他們建構教育的希望工程，這些孩子才可能有未來。

這是我們一點點卑微的盼望。

▲ 向教育部爭取心智障礙基礎受教權，這是家長團體第一次走上街頭。

▲▶昆霖沒有讀國小，經過一番爭取，
直接上了國中。

3

遙遙迢迢升學路

小時候聽大人說，有些偏鄉小孩必須跋山涉水，走幾個鐘頭才到得了學校，那時覺得這些小孩好認眞喔，爲了念書居然這麼拚。

後來我才知道，這對身心障礙的孩子來說，簡直是家常便飯。有位屏東的媽媽每天要花兩個鐘頭開車把兒子送到兩百公里以外的台南啓智學校，再開兩個鐘頭回屏東工作。到了下午，又得風塵僕僕開兩個鐘頭的車去學校接兒子，再花兩個鐘頭回家。算起來，他們母子每天得花八個小時的時間在車上。

我問她，爲什麼要大老遠送小孩到台南念書？她兩手一攤，無奈地說，屏東沒有特教學校，一般學校又不肯收，她鍥而不捨地一試再試，好不容易打聽到台南啓智學校願意收，於是咬咬牙，心一橫，決定每天接送小孩上學。

這讓我想到彭友霖。如果不是因爲友霖家附近既沒特教班也沒有特教學校，哪裡需要住校？如果他沒有住校，是不是就不會出事了？

特教師資與學校不足，讓身障孩子無法就近就學，甚至犧牲了求學的機會，這當然是政府的責任。然而阻礙身障孩子求學的，還包括無知的民眾，他們拒絕跟特教學校做鄰居，甚至惡意干擾特教學校動工，那些令人髮指的抗爭手段，至今仍盤踞在我的心頭。

高雄市第二所啓智學校（一九九一年）引起的風波，就是一個例子。

自從高雄市政府選定「文小五十三號」作爲第二所啓智學校用地，居民的抗議行動就沒有停過。他們在學校預定地掛上「市府強姦民意，誓死不從」的布條，在工人整地的過程惡意阻撓，各種威脅、恐嚇的耳語不斷，甚至四處散布謠言說：「智障是傳染病，萬一我們小孩變成跟他們一樣，誰要負責？」教育局與里長協調了好幾次，也有民代出面說項，都沒有用。

由於建校時程一延再延，校方決定主動釋出善意，舉辦敦親睦鄰園遊會，邀請居民參加。不料居民卻趁機跑來抗議，在現場發出各種噓聲和咒罵聲，還用雞蛋丟擲應邀前來致詞的來賓，有人想出面制止，卻反遭居民嗆聲大喊：「智障生滾蛋！」

這句「智障生滾蛋」果然引爆了激烈衝突，雙方大打出手，紛紛掛彩。本來高高興興來參加園遊會的智障兒眼看四周大人打成一團，害怕得聲嘶力竭大哭起來，讓原本歡樂的氣氛全變了調。

到底是誰先挑釁？誰先動手？圍觀的人那麼多，大家都看得很清楚。市長吳敦義卻說：「我雖然關心這項議題，但也要體諒當地居民，不論他們是基於何種理由反對，只要沒有逾法就沒關係。」

我們在台北聽說高雄出事了卻幫不上什麼忙，心裡又氣又急。而且吳敦義的說法也很奇怪，什麼叫「沒有逾法」？阻礙公共工程進度不算？聚眾打人丟雞蛋不算？當居民在園遊會現場動手打人時，爲什麼員警只是站在一旁，袖手旁觀？障礙者的受教權活生生被人打壓時，公權力在哪裡？

殘盟《會訊》有篇名爲〈我也是人——請尊重我！請接納我！〉文章是這麼說的：

當居民們站起來，以敵視的眼光拒絕殘障者進入社區的時候，可知道全國的殘障者、他們的親人、他們的朋友受到何等的傷害？有多少心正在淌血，有多少眼淚正在奔流？人權的尊嚴正受到嚴重的踐踏！

當高雄的智障兒家長準備舉辦園遊會，卻被居民惡意丟擲雞蛋，打落門牙的時候，公權力在哪裡？……警察人員可以動員數千人去阻止學生教授的靜坐抗議，卻吝於出動人力來保障殘障者的生存權，這樣的心態和行爲無異鼓舞了歧視殘障者情緒的發展，造成殘障者更加沒有生存的空間！

這件事前後鬧了好久，後來是民間團體不斷遊說，以及立委洪奇昌、葉菊蘭的強力質詢，教育部長毛高文才表態支持讓學校得以順利動工，整起事件總算有了美好的結局。日後我每次到高雄第二啓智學校，也就是現在的高雄市成功啓智學校參訪或評鑑時，總是特別有感觸。

台中啓智學校的設立過程，同樣也是一波三折。

時序回到九〇年代初，省政府將台中市七期重劃區「文高十八」基地以便宜的價錢租給市政府興建特教學校。沒有人想到，日後居民發動的反撲竟是如此的鋪天蓋地，逼得校方難以招架，幾乎潰不成軍。

居民反對的理由都是同樣一個調：擔心智障生會對兒童產生威脅、影響社區安寧。不過據我們側面了解，七期重劃區有不少豪宅建案，算是很高級的住宅區，居民（及建商）眞正反對的理由恐怕是擔心房價下跌，影響他們的利益。

民衆因爲無知或自私而反對，我很難接受但也還算可以理解。我無法原諒的是台中市議會竟然以二十四票對九票，公開否決這個案子。啓智教育是憲法保障的基本人權，市議員憑什麼反對？這明明是省政府的計畫，關台中市議會什麼事？說穿了，這些政客根本就是在作秀！民意代表爲了討好選民，放棄了捍衛正義、照顧弱勢者的立場，這就是地方政治多年來無法啓動改革的原因。

在耶誕節前夕接到這種「從天上掉下來的禮物」，我們的情緒是憤怒遠大於哀傷，決定必須有所行動。一九九五年十二月二十三日，台中市自閉症教育協進會與啓智協進會發起遊行及街頭演講，智總中部的家長組織亦前往聲援，抗議台中市議會枉顧身障者的權益，做出令人遺憾的決定。

事後有位媽媽不無感慨地說：「如果有一天，我們不必再為爭取孩子的權益而走上街頭，那就代表這個社會進步了。」

這句話，讓我反覆思考了好久。我們的社會始終無法接受智障就像心臟病、腎臟病一樣，是需要專業協助的疾病，反而不斷以逃避、歧視或漠視的態度，忙著為智障者貼標籤，把他們當成洪水猛獸。否則只是興建一所學校，怎麼會引來這麼大的風波？

台中市政府並沒有放棄，一再放低身段說明訴求，希望得到善意的共鳴，然而居民的怒火卻越燒越旺，除了拉布條、包圍學校預定地、抬棺材抗議，甚至號召了幾百個人到省教育廳與省議會抗議。這件案子吵吵鬧鬧了七、八年，歷經三任市長，直到贊成設立特教學校的張溫鷹做了市長才拍板定案。只是動工典禮異常低調，沒什麼人知道。

二〇〇〇年台中特殊教育學校成立，充滿綠蔭的廣大校區，以及為了方便智障生而增設的交通設施讓附近房價地價不降反升，顯然特教學校不是房地產的毒藥，周邊都市有沒有發展規畫才是影響漲跌的主因。只可惜民眾不了解，一味隨著政客或投資客起鬨，才會造成那麼多不必要的衝突與抗爭。

爲什麼要有特教學校？設立的意義及目的是什麼？說起來，這個問題不是沒有爭議，尤其七〇年代以來，特教界流行談「回歸主流」「融合教育」，主張設立特教學校好像是在開倒車，顯得有點不合時宜。

我並不反對「回歸」或「融合」的觀念。讓身障的孩子融入社區而不是被隔離在社會之外，是特殊教育的終極目標。但平心而論，台灣特教資源無法到位，被拒絕入學、授課時數不足、缺乏專業師資、沒有申訴管道、在家教育巡迴輔導無法落實等，問題多得不得了，夸夸而談「回歸」「融合」，卻沒有具體做法，那麼最後究竟是「融合差異」，還是「放牛吃草」？

我聽過屏東三地門的特教老師說，那裡既沒特教班，也沒資源班，唯一的特教資源就是縣府特教中心，學校只能申請輔具與巡迴資源教師，而巡迴資源教師一個星期到校兩次，一次只能上一節課，怎麼夠？

曾有南投的家長告訴我，由於南投沒有特教學校，他得每天開車載孩子去彰化啓智學校念書。看著小孩每天睡眼惺忪地出門，晚上一臉疲憊地回家，眞的很不忍心，也想過讓孩子住校，可是學校宿舍有限，他們根本排不上。

不管是特教班、資源班或特教學校，只要能讓孩子在擁有專業資源及設備的環境下就近求學的做法，我都支持。依我的觀點，台灣不需要廣設大型特教學校，而是必須解決特教資源不足、分配不均的現象，這才是我關切的。

二〇〇七年王榮璋擔任立法委員時，曾經陪同智總與教育部召開協調會，針對那時沒有特殊學校的新竹縣市、台中縣、南投縣、屏東縣及台東縣學童受教權益受損的情況，要求教育部限期改善。

官員的口氣很委婉，態度很溫和，卻一再強調特教學校招生不足，不能再設了。聽到「不能再設了」幾個字，我忍不住反問：「如果學校辦得夠好，那家長再怎麼辛苦也會想辦法帶孩子去念，問題是現在很多特教學校沒人念是因爲學校既沒有無障礙環境又沒有輔具，他們只好轉回普通學校啊……你們一直講『招生不足』，爲什麼不去了解『招生不足』的原因是什麼？」

榮璋聽了教育部的說法也很生氣。他說，就算教育思潮是往融合發展，也從來沒有否定特教學校存在的必要。你們一直說有困難是什麼意思？是財務有困難？還是教育部的能力有困難？

老實說，我對協調會本來就不抱太大希望。多年來跟公部門打交道，我知道只要堅持就有可能改變，但也只是「可能」而已。這樣的過程有點像在坐翹翹板，是一場觀念與意志的戰鬥。只是我沒想到，這場意志之戰一直撐到二〇〇九年我擔任立委時參與《特教法》第二次修法，才終於讓「一縣市一特殊學校」有了法令依據，亦促成了屏東、新竹、台東特殊學校的設立，解決了孩子長久以來無法就近求學的困擾。

當然，我沒有天眞到以爲特教學校是解決問題的萬靈丹，畢竟老師的專業性、校園的安全性、教學的適切性、師生的互動關係，都必須有完整的規畫與配套，這才是我們追求的目標。

未來的路還很長，但我絕不會放棄。這是我對家長及孩子的承諾，我永遠不會忘記。

4 昆霖的兵單

一九九五年，我身兼北智協、智總及育成的幹部，每天忙得不得了，回家還有一堆家事得做，智總同仁或社福界的朋友打電話找我，我經常是一邊拖地、洗碗、吸地毯或是幫昆霖洗澡，一邊側著臉、夾著電話跟他們討論公事。

在這段忙亂的日子裡，我突然接到國防部一紙通知，要昆霖在指定日期到軍醫院進行兵役體檢。昆霖爸爸半開玩笑地跟他說，昆霖啊，你要去當兵囉，他高興地手舞足蹈，嘴巴一直唸著：「要當阿兵哥，阿兵哥……」

我心想，這孩子連槍都拿不動，「向左轉、向右轉」「立正、稍息」的口令也聽不懂，要怎麼當兵？我打電話去兵役處詢問，他們的回答是，除非體檢結果證明他不符當兵標準，否則一切要照規矩來。我問對方，我兒子有重度身障手冊還不夠嗎？這種兵你們也要喔？對方堅持說，不行，我們只接受軍醫院的體檢結果，規定就是規定。

我想到澎湖許媽媽的經驗。她帶智障兒子到澎湖省立醫院體檢，想拿免役證明，院方卻說，這是軍醫院的權限，我們無法開立證明。許媽媽只得帶著兒子坐上飛機，從澎湖跑到高雄鳳山的八〇二醫院進行複檢，費盡千辛萬苦才終於拿到免役證明。

軍方為了自己方便，增加老百姓的困擾，眞是太差勁了。我故意跟兵役處的人說：「我兒子不太會走路，出門很不方便，你們要體檢證明？可以啊，你們自己來檢查！」

其實帶昆霖去軍醫院做檢查並沒那麼困難，我只是想藉此凸顯軍方的本位主義，看他們打算怎麼解決。結果台北市政府兵役處、國防部人力司、內政部，出動了六、七個人，親自跑來鑑定昆霖的狀況。當他們看到昆霖拿著小飛機、自顧自地在一旁玩耍的模樣，當場做出免服役的決定。你說，是不是很浪費公帑？

兵役處的人說，身障手冊有誤檢率，他們必須愼重其事，不是故意刁難。我心想，你們體檢只量身高體重，不做心智檢查，如果是輕度智障或自閉症，外表根本看不出來，不就害死人了嗎？何況身障手冊是政府核發的，為什麼軍方不能接受？如果軍方不確定身障手冊是否準確，只要把手冊標準與徵兵體位做個標準對照表，不就解決了嗎？這麼簡單的事情，他們居然都想不到。

智總接過不少陳情案，有智障兒當兵以後因為「不守軍紀」在部隊裡被整得很慘，最後是被抬著回家的。為什麼會這樣？因為家長根本不知道智障兒不必當兵，兵役單位一紙通知寄到家，他們就糊裡糊塗把孩子送走了，不知道這一去，可能就是永別。

有位嘉義的老農民跑來智總，到了辦公室只是拚命哭，什麼話都說不出來。我們慢慢安撫他的情緒，他才老淚縱橫地說，他兒子在軍艦落海失蹤了，連屍體都見不著，軍方也沒有任何說明。

老農民的兒子叫魏福興，他在高雄新訓中心服役時，連長發現他不會唱軍歌，也不會答數，就連最簡單的折棉被也教不來，送去國軍醫院檢查，確認智商只有三十，可以退役。可是魏福興的運氣實在是太差了，鑑定報告和除役公文在

「旅行」六個月的途中，他已經從輪機學校到了左營海軍基地，一路登上海軍艦艇，直到落海兩天後公文才送達。事後海軍坦承疏失，賠了好幾百萬，然而失去兒子的心痛豈是金錢彌補得了？

還有個發生在彰化很離譜的案子。智障的林奇宏自從二十歲入伍以後一直無法適應軍隊生活，先後逃跑了好幾次，每次都被軍法判刑入獄，但只要一出獄回到部隊又會再度逃跑。有回憲兵隊跑去他老家抓人，卻誤抓了住在隔壁，十七歲的智障者詹明勳，就算詹明勳拚命喊冤也沒有人相信。直到林奇宏在靈骨塔偷吃貢品被逮到，軍方才知道抓錯人，眞的很誇張。這個案子後來在監察院提出了彈劾，但軍方根本不甩，只把檢察官、審判官及憲兵官各記個警告或申誡一次便草草了結了。

林奇宏哥哥來向我們求助時，他弟弟已經當了七、八年國民兵，被軍法判刑三次，這次是第四次被捕入獄，沒人知道他是智障者。我們是聽了林奇宏哥哥的描述，認爲他恐怕有智能方面的障礙，於是協助他進行精神與智商鑑定，兩個星期之後，林奇宏就被軍方除役了。

那幾年，智總在義務律師詹順貴、楊雅惠和吳志勇的協助下，處理過好多這類個案。看著辦公桌上堆得高高的一疊檔案，我心想，如果兵役通知上註明有身障手冊就不必當兵，不就好了嗎？如果役政單位擔心手冊造假，在體檢時除了量身高體重也同時做精神與智商鑑定，不就好了嗎？為什麼每次都要等到出事了，他們才要檢討？

我腦子裡轉呀轉的，突然冒出一個「智障兵團」的點子：既然國軍這麼缺人，乾脆把所有成年智障者都送去當兵算了，而且要簽「終身役」，反正國防部預算那麼多，讓他們接手照顧智障者既可以解決社福預算有限的困境，又能讓父母卸下重擔，豈不是兩全其美？

一九九五年，智總與立委蘇嘉全召開「不是我不想當兵」公聽會，並在現場安排一群頭戴軍帽的「智障兵團」——他們都是收到兵單的成年智障者，其中包括了昆霖。我們的訴求很簡單，國家不需要智障者拿槍桿子來保護，更何況，沒有幾個人會為了逃兵而假裝智障。既然如此，軍方堅持役男必須到軍醫院檢查的理由是什麼？為什麼政府核發的身障手冊到了國防部卻不算數？

在公聽會現場，內政部社會司殘障福利科的官員承認，身障手冊的鑑定具有公信力，而且輕度智障的鑑定標準是智商五十九至六十九，符合國防部免服兵役的規定，所以只要領有手冊的人就不用當兵。然而內政部役政司卻當場打臉說，他們只是依法行事，沒有任何違法之處。一個部會兩種意見，這簡直就是人格分裂。

智總在兩年內召開三次公聽會，並在蘇嘉全、蔡式淵、尤宏、林光華等委員支持下，逼得國防部同意有身障手冊可以免體檢、免服役，至於已經被徵調去部隊的智障者，也同意全面徹查，重新鑑定了一、兩千人，最後有幾百人提前除役。現在，智總已經很少接到類似的個案了。

附帶一提，公聽會當天《自立晚報》的頭版就是一張昆霖頭戴軍帽的照片，他也是我們家第一個登上報紙頭版的人。事隔多年，蘇嘉全見到我還說：「姊啊，那時你兒子好出風頭！」

唉，這種風頭還是不要也罷。

▲ 一九九五年，智總與立委蘇嘉全聯合召開「不是我不想當兵」公聽會，昆霖也頭戴軍帽，一同參與。

5 當個不一樣的兵

每次想起魏福興及林奇宏的案子，我總還是感嘆。當兵是國民應盡的義務，這點我完全同意。可我總覺得，兵役制度必須符合現代社會的規律，順應歷史的潮流。例如國外的社會役制度就是讓役男除了拿槍動刀外，也可以選擇到社區服務，讓年輕人支援醫療服務、老弱殘疾照護、災害防治救助、社區治安環保，這是很進步的觀念與做法。

曾任立委的簡錫堦很關心這個議題，幾次質詢都建議國防部應該實施社會役，國防部長卻推說社會役會造成兵源不足，絕不可行，反對到底。直到一九九八年國防部實施精實方案，不再需要那麼多兵員，加上「耶和華見證人」的信徒堅決拒服兵役、反覆被判刑的例子不斷發生，推動「社會役」的呼聲才又漸漸浮現。

簡錫堦在規畫社會役架構時邀請我擔任社福界代表，專精相關法律的陳新民教授擔任總顧問，我們聯合老人福利推動聯盟、殘障聯盟、關懷生命協會等二十多個團體，組成「社會役民間推動聯盟」，由我擔任聯盟召集人，希望讓年輕人服兵役不只有軍事訓練一種可能，而能有機會接觸到真實發生在各地的貧窮、環保及土地汙染等現象。

譬如我們在規畫「環保役」時，設計役男可以從事廚餘回收輔導員、資源回收輔導員、動物保護稽查員、動物收容所照護員。他們未必要直接做回收，而是負責分類回收、稽查監督、輔導宣傳，如此一來，既可改善環境衛生，讓垃圾減量，又可培養國人資源分類回收的習慣，是很好的機會教育。

一九九九年，行政院長蕭萬長表示將在隔年實施社會役（兵役替代役），負責規畫的兵役替代役推動委員會全是編制內的公務員。但是這麼專業而又龐雜的方案，竟然是讓沒有社福或環保經驗的人來負責，而且各部會也出現規畫重疊、紊亂不清等各種問題，讓我們感到十分憂慮。

「社會役民間推動聯盟」召開記者會，認為政府規畫社會役缺乏統一性與專業性，並聯合「跨黨派社會役推動小組」的朝野立委，包括簡錫堦、趙永清、賴士葆、李應元、丁守中等人共同拜會蕭院長，表達我們的訴求與憂心。蕭院長說，行政院已成立「跨部會推動委員會」籌備會，一定會廣納各界意見。

後來，行政院果然成立「社會役諮詢委員會」，邀請各民間團體參與，我應邀擔任委員，針對社福部分提出建議，簡錫堦也跟著國防部官員到瑞典、奧地利參訪，汲取國外經驗作為參考。最後社會役不是透過修法程序修憲，而是在《兵役法》中增修另闢專章，通過「兵役法部分修正條文」及「替代役實施條例」（二〇〇〇年）。但無論如何，這是改寫台灣兵役史的大事，也讓台灣成為亞洲第一個實施社會役的國家。我很高興能在歷史這麼重要的事件上，擔任其中一個角色。

二〇〇一年，連加恩加入第一屆外交替代役，跑到西非去協助當地居民蓋醫院、鑿井、蓋學校的故事感動了許多年輕人，紛紛報名外交替代役，選擇到世界偏遠的角落服務，實現了我們推動社會替代役的目標——讓年輕人服務社會，改變既有的價值觀，從事貼近人民的工作。後來我聽說，有不少公家機關及服務機構因爲設備不足、訓練不夠，竟然把替代役男當成送公文的小弟來用，實在很令人惋惜。

後來昆霖弟弟因爲家庭因素申請服替代役（根據《役男申請替代役辦法》第三章第十一條「役男家屬患有中度以上身心障礙」可申請服替代役），被分發到廣慈博愛院，負責帶老人去看病、做復健、幫忙清理穢物，我覺得這樣很不錯，他也覺得滿有意義的。我跟他說，你做這個替代役是媽媽去爭取來的耶！他瞪大眼睛看著我，半信半疑地說：「眞的喔？」

他大概從來沒想到，我這個老媽除了洗衣煮飯以外，還有其他本事吧！

Chapter 4
慈悲的野心

1 小額募款的奇蹟

早上在微亮的天色中打開報紙，斗大的新聞標題「人間至悲，父掐死腦麻兒」緊緊抓住了我的視線。我深吸了一口氣，慢慢讀下去。

心力交瘁的父親再也撐不下去了，他問已經二十多歲、腦性痲痺的兒子：「大家都很累了，我想殺了你，好嗎？」兒子點點頭，父親在車後座掐死他。

我忍不住紅了眼眶，心情久久無法平復。

我不知道別人是怎麼想的，至少我完全可以體會這位爸爸的心情。長年在親情與負擔的夾縫中苦苦生活，每天必須爲孩子把屎、把尿、洗澡、餵藥，掌握各種失控狀況，再怎麼堅強的人，也有疲倦、無法承受的時候。

孩子終究會老、會病，當他纏綿病榻又無法自理生活，身邊需要隨時可以接手的人。如果沒有這樣的人，國家又無法伸出援手，怎麼辦？即使全心全意照顧也無法保證孩子的未來，世界上大概沒有比這更可悲的事了。

原來我們很單純地以為，家長只要負責倡導理念、監督政府，未必要直接提供服務。然而政府的腳步永遠太慢，遠遠追不上社會的需求，現有問題的急迫性讓北智協的幹部不得不嘗試把提供服務列入考量。

我們面對的第一個挑戰，就是接受台北市社會局委託，承辦弘愛服務中心。

那時弘愛的主任是特教專業出身的曹愛蘭。她充分發揮了既有專業又具開創性的本領，一遍又一遍地訓練老師及孩子學習如何生活自理、打掃環境、動手做點心。漸漸地，原來喜歡用頭撞地板的自閉兒，撞頭的毛病不見了；喜歡掀桌子、亂摔食物的孩子，懂得安安靜靜地吃飯了；還有完全坐不住、亂吐口水的智障兒，變成最懂得照顧人的小哥哥……大家都很佩服她。

有天我去弘愛，才剛走進大門，一位年輕爸爸興高采烈地跑向我說：「我兒子每天回到家，第一件事就是跟我報告今天做什麼點心、看什麼電影、老師請他喝什麼飲料，最後還跟我說：『爸爸，我好愛去弘愛上課，我好愛弘愛的老師喔！』」然後他咧嘴笑了起來，面孔頓時發光。

這就是父母對孩子的愛。這樣的愛，是一種不帶個人動機、不求回報的愛。他們不是因爲孩子有什麼樣的成就，而是孩子存在的本身就令他們看到了美與希望。這樣的愛，總是讓我感動。

因爲口碑不錯，弘愛的名聲漸漸傳了出去，想進來的孩子從四面八方湧進來，這讓我們考慮是否要長期發展服務。若要發展服務，就要有固定的財源，若要有固定財源，就得成立基金會，然而成立基金會的門檻最少也要一千萬，這麼大一筆錢，要從哪裡來？

我們考慮了很久也討論了很久，決定仿效日本育成會的做法，不向企業伸手，也不接受單筆高額捐款，喊出「十元不嫌少，千元不嫌多」的口號，試著透過小額捐款來達成目標。

那段時間，不論颳風或下雨，台北市幾個重要街口都有我們向過往行人勸募的身影。每次一站就是七、八個小時，每個人喉嚨都喊啞了，累得手酸腳痳，但只要看到募款箱裡的鈔票越堆越多，還有小朋友拿著小豬撲滿來捐錢時，根本忘了從早上到現在都還沒吃東西。

究竟是什麼樣的力量讓這些人忘了飢餓、忘了寒冷，在寒風凜冽中如此打拚？是我們對孩子的關懷、對孩子未來的責任感！

原本我以為「一千萬」這個天文數字大概得花上一、兩年才籌得到，沒想到只花了三個月就辦到了。如今回想起來，我們的信心和膽子還眞大！

一九九四年三月，「台北市私立育成殘障福利基金會」（二〇〇一年更名為「財團法人育成社會福利基金會」，成為全國性團體）成立了。取名為「育成」是期許自己能像日本育成會一樣，充分發揮家長的戰鬥力，永不放棄。且所有董事一致同意，召開董事會一律不支付車馬費，用制度來防範人性的貪念。所以我常跟人家說，當育成的董事很辛苦，不但沒錢還要倒貼，實在很不划算。

有了承辦弘愛的經驗，我們對經營機構有更多的信心，亦決定積極將社區化、小型化機構的理想具體落實，提供更多符合人性化的服務。

為什麼機構必須社區化、小型化？

九〇年代初期，大概是智總剛成立那幾年，幾位家長有計畫地造訪了國內數間教養機構，發現它們最大的問題在於服務人數過多，動輒兩、三百人，所以空間必須很大才容納得下，因此地點都很偏遠，不只專業人員不願意去，家屬要探視也很不方便。

再好的服務機構也無法取代家人的地位，如果一廂情願地以爲機構可以負擔一切照護責任，絕對是簡化了問題。因此育成的心願是建立「小而美」的社區型機構——家長不必把孩子送到離家數百里外的地方，每天白天把孩子送來接受照顧，晚上再把孩子接回家，可以享有一般的家庭生活。

育成第一個經營的機構是台北市政府社會局委託的育成和平發展中心。開幕當天，大家都對這所「沒有圍牆的機構」感到好奇，因爲這跟以往印象中的機構太不一樣了，而這正是我們有意突破的觀念：圍牆不只阻絕了學員接觸社區的機會，也妨礙了社區認識他們的可能，既然我們希望學員參與社區、融入社會，就不該在機構四周砌起高牆。

日後，我們承接裕民、鵬程、城中發展中心，以及專收重殘的南港養護中心，也都是採取和平發展中心的模式，盡量讓學員使用社區既有資源作爲訓練的一部分，包括到公園散步、去小七買東西、跟鄰居閒話家常。久而久之，居民習慣了他們的存在，就會進而接納他們，學員自然也會變得更自信、更開朗、更容易相處。

育成旗下有這麼多服務機構，卻不是每位家長幹部都願意把孩子送過來。爲什麼？當然是不忍，也不捨。

育成承辦鵬程啓能中心以後，雷太太左思右想了半天，好不容易才下定決心把文策送來。這是文策第一次離家，她擔心得不得了，整整花了半個月把文策平常吃什麼藥、穿什麼衣服、怎麼餵他吃飯，密密麻麻寫了好幾張備忘錄交給鵬程的老師，還跟著文策在鵬程住了三天。我們勸她說，這是我們自己辦的機構，有什麼好不放心的？雷太太說，她都知道，可是沒辦法，就是放不下。

說起來我也是半斤八兩。照顧昆霖幾十年，想到要把他交給別人眞的很捨不得，總覺得別人沒有自己照顧得好。只是昆霖大了，我也老了，再怎麼不放心也得學著一點一點放手。我開始試著送昆霖去弘愛或城中，讓他待到中午以後再回家，起初他很不適應，經常鬧脾氣，現在已經習慣了，偶爾還會跟我打小報告：

「白天某某老師打人！」育成的老師說，我們家昆霖是「扮豬吃老虎」，把我笑死了。

放不下，是每個父母的心情。或許就是這種「放不下」，讓育成在思考服務項目與態度時，就是多了那麼點家人的體貼與細膩。我想，這也是大家放心把孩子交給我們的原因吧！

起初，許多人對於育成是否有能力經營機構持保留態度，冷眼冷語的人並不少。他們都忽略了一件事，那就是：竭心盡力爲孩子建立永續的保護網是家長最大的心願，所以我們不會只依政府標準行事，或因政府評鑑優良而滿足，反而會用更高的標準來要求服務品質。

舉例來說，我們堅持每天幫學員洗澡，三餐飯後一定刷牙，只要衣服髒了立刻換洗，絕不會等到上床睡覺了才換。曾有保育員對於這樣的堅持感到不可置信，他們說，智障者很容易把衣服弄髒耶，爲什麼要一直幫他們換衣服，一天換三、四次？有這個必要嗎？

有沒有必要或許見仁見智，但我總覺得做事要將心比心。如果昆霖吃飯時弄髒了衣服，我會立刻替他換上乾淨的衣服，讓他穿得舒舒服服的，整個人看起來也更清爽。穿著整潔的衣物、吃著美味的食物、接受身邊的人的愛與照顧，這不是作為一個「人」最起碼的需求嗎？

日後內政部與各縣市對育成機構的評鑑結果，證明了這群不被看好的「憨爸」「憨媽」，好像還是有點本事的。

育成服務機構發展得很快，外界以為我們家大業大，資本雄厚。其實我們根本沒什麼錢，只是我們的經營模式始終堅持不買地、不蓋房子，盡量以公設民營的模式提供服務，如此而已。

根據我的了解，很多私立機構都是先透過募款買地再自己蓋房子，不只需要的經費十分龐大，動輒幾千萬，而且從募款到房子蓋好，前後得花上十幾年，實在是緩不濟急。所以育成經營機構的原則是：公部門負責提供機構用地（尤其是閒置的公有土地），我們負責規畫與提供軟體，這樣做起來才會快。而且，把政府補助款或民眾捐款拿去買地、蓋房子，再把土地房子登記在個人或團體名下，根本就是把公共財產私有化。我們成立機構的目的是在幫助人，不是在置產，所以這種做法我一直很難接受。

育成從只有三個專職人員，成長爲擁有二十七個服務單位，六百多名員工的機構，服務範圍包括〇～六歲的嬰幼兒早期療育、學前日託、十五歲以上日間或全日型照顧、團體住宿家庭、社區作業設施、庇護性就業、老化安養等專業服務，每天服務人數超過千人，這一切的發展都是我始料未及的。

我在基金會的成立記者會上是這麼說的：「育成基金會的成立，可以說是出自家長『慈悲的野心』——因爲心生慈悲，而生出打造服務機構的野心。」如今這樣的心願開枝散葉，讓育成從一個地方性組織擴展成全國性服務機構，這不是奇蹟是什麼？

有媒體形容育成基金會很像現代版的「愚公移山」，回想起來，好像還滿有道理的。是啊，如果不是那麼多爸媽拚著老命爲孩子打造更好的未來，怎麼可能會有今天？

只有承擔才能夠掌握自己與孩子的人生。這些家長們胼手胝足的努力，如今終於有了回報。

2 生命中不可承受的重量

孩子是父母的心頭肉，如果可能的話，誰都希望孩子能留在自己身邊。但經濟條件欠佳的家長既要照顧智障兒，又得維持家計，根本應付不來，透過教養機構幫忙成了不得已的選擇。

過去公家的教養院很少，大部分都是私立的，其中有百分之九十都是天主教或基督教的慈善機構。一九八〇年《殘障福利法》立法以後，省政府社會處設立了雲林教養院與台南教養院，但因服務量仍然不足，所以未立案的非法機構有如雨後春筍般地出現了。

分布在全國各地的家長一直是智總最大的資產。透過他們的明查暗訪，我們發現許多未立案機構都存在很大的問題，包括環境衛生差、伙食不佳、編制人員太少，有的甚至還會虐待院生。智總向內政部舉發過好幾次，但政府的反應卻很消極。爲什麼？因爲合格機構實在太少了，他們心裡有數，如果一下子把未立案機構全部關閉了，這些院生該何去何從？所以他們寧可睜一隻眼閉一隻眼，放任它們的存在。

當機構成了觀光景點

二〇〇〇年，透過神通廣大的家長通風報信，我們獲悉台南縣未立案的眾生教養院情況很糟，幾乎到了無法生存的地步。爲了了解實際狀況，智總副祕書長孫一信和同仁喬裝成有意捐款的善心人士，前往一探究竟。

當他們一來到眾生教養院門口，就被現場偌大的停車場給震懾住了。一座教養院爲什麼需要容納三十輛大型巴士的停車場？原來院方長期與旅行社合作，經常載著遊客來教養院參觀，每來一輛遊覽車，司機就有回扣可拿，公定價是一車兩千塊。遊客看到院生可憐的模樣，多少會在捐款箱裡放個幾百幾千塊，殊不知他們的愛心其實沒有回饋到院生，而是「贊助」到教養院負責人一輛銀光閃閃的凱迪拉克！

走進院區，一幕幕不可置信的畫面進入眼簾：一陣難以忍受的霉味與尿騷味撲鼻而來，幽暗的小房間裡，有人眼神呆滯地對著天花板發呆，有人衣衫不整地沿著牆走來走去，還有人被綁在椅子上，發出咿咿呀呀的聲音。

到了用餐時間，工作人員扛著裝在鐵盆的麵條，一匙一匙快速塞進院生嘴裡，就算有人坐在塑膠便桶上也照餵不誤。那裡的廁所沒有門，沒有抽水馬桶，只有來自隔壁果園的蚊蠅，到處都是垃圾……同仁們咬咬唇，把眼淚嚥了回去。這是人該過的日子嗎？

我們將所見所聞告訴徐中雄立委，他感到非常震驚，也了解事情的急迫性，跟著我們及官員再度來到衆生教養院突襲檢查，當場直擊寢室及廚房發出陣陣惡臭，臭到我幾乎得屏住呼吸。這裡的院生普遍營養不良，罹患皮膚病及阿米巴痢疾的情況很多，還有院生因爲長年在地上爬行，膝蓋長了一層厚厚的繭，連關節都沒辦法動。

翻開眾生教養院的簡介，上面說：「教養院的由來，由同病相憐而下定決心，遂將本來要興建別墅的五公頃餘之私有地改建平房，普遍收容社會上之貧困苦兒、殘童、無依無靠老人等，給予衣、食、住等等，從事慈善工作。」對比院生悲慘的景況，眞的讓我很心痛。這麼粗疏的教養環境，爲什麼政府視若無睹？整間教養院是建在農業用地的違章建築，難道縣政府工務局毫不知情？教養院明明有學齡兒童，爲什麼教育局沒有依法鑑定安置？

社會科的某科長說，他們已經要求院方到其他教養院觀摩學習，也勸過他們不能用鐵窗、鐵條隔離院生，沒想到，情況還是沒有改善……

原來縣政府早就知情！

我的怒火快忍不住了。既然政府早知道眾生有問題，爲什麼不勒令停業？處理非法營業的八大行業都可以斷水斷電，爲什麼面對未立案機構卻做不到？

「我們也很希望他們改善啊！可是他們就是不改。」某科長說。

「他們不改，你們就沒辦法嗎？」我按捺住脾氣問。

「公家辦事有公家的規矩，要一步一步來。」某科長一臉嚴肅，不斷重複這句話。

「你們的規矩是什麼？事情會拖那麼久，顯然你們的規矩沒用嘛！」我猜我兩眼大概已經快要噴火了。

「你不了解的事，不要隨便批評！」他整張臉變得通紅，也火了。

「說到底，你們根本就不想解決問題，只會姑息養奸嘛！」我用手往桌面用力一拍。對方口氣也越來越壞，雙方不可避免地大吵一架。

事後智總同事跟我說，他從來沒看過我那麼生氣。我從來不是個性衝動，喜歡跟人家相罵的人，可是看到對方睜著眼說瞎話，真的很難不動怒。

內政部的曾中明也在場，他在智總推動早療時幫了不少忙，後來做到衛福部次長，是很不錯的官員。那天我打算離開台南之後就直接回台北開記者會，所以特別穿了一件比較正式的白西裝，曾中明看我一臉怒氣，大概是想逗我開心，說：「媽祖婆，你來這裡穿這麼水，是要做什麼？」我沒好氣地回他：「要不然，是要穿全身軀烏喔？」前兩年他肝腫瘤過世，聽說在病榻中還惦記著《長期照顧服務法》的立法進度，大家都很意外。

從此，我三不五時就打電話去縣政府詢問他們的處理進度，緊迫盯人，毫不放鬆，承辦人壓力大得不得了，很怕接我電話。可是我不管，照打不誤。

眼見院生的問題很多，縣政府的回應又很消極，透過家長會與社工的協助，我們主動到院生家庭進行訪視，發現了許多令人髮指的情節：

「葉員（五十五年次）曾經受傷，由於眾生要求葉員從事建築鋼筋捆綁工作，造成右手食指斷裂，由於未加入健保，家屬花費十萬元醫藥費。」

「王員（五十七年次）曾經手腳骨折，院方要求家屬帶回家自行處理。家屬向院方反應處罰方式不合理，院方表示受傷都是王員自己造成的。」

「許員（三十年次）曾經受傷。眼睛被打瞎一隻，不過家屬完全未反應意見，因爲害怕要求太多會被要求帶回。」

「吳員（六十三年次）被院方打成全身瘀青，且用通電的電線電擊吳員，家屬向院方反應，院方只回答不知道什麼原因造成。」

是辦公室冷氣太強？還是故事太冷血？讀完這些訪談資料，我腦筋一片空白，只感覺全身發冷。

事情曝光以後引起社會很大的震撼，要求檢討未立案機構的呼聲一波接一波。其他未立案機構卻擺出哀兵姿態說，機構設在農業重劃區，如果要申請立案肯定不會通過。也有機構表示，合法機構任用人員必須培訓幾個小時，他們哪有這種時間？還有機構挑明了說，拜託諸位長官不要再爲難我們了，光是設置室內消防就要花七十萬元，我們怎麼有錢？請你們直接核發執照好嗎？

明明就是違法，又拿院生的生命與健康開玩笑，還說得那麼冠冕堂皇！

我陸續接到幾封恐嚇信，罵我擋人財路，叫我最好小心一點。我覺得這些人很無聊，對我有意見？直接來找我嘛，何必寄這種東西給我？我看過以後就把它們統統撕掉了。同事問我會不會怕？要不要去報警？我說，怕什麼？只要是站在正義這一方，沒什麼好怕的。

眼看縣政府一直沒有積極行動，我們只好去地檢署按鈴控告眾生負責人，要求監察院彈劾台南縣長等公務員，逼得縣政府做出強制解散眾生的決定，同時促使行政院組成「危機處理小組」，清查全國所有未立案機構，終於在二〇〇二年六月，關閉了最後一家未立案機構。

很多人問我，爲什麼像衆生品質這麼低劣的機構，還有家長願意把孩子往那裡送？

原因很簡單，因爲立案機構收費高，他們負擔不起。以衆生來說，他們的收費方式是一筆買斷，只要付二十到五十萬，院方就會照顧到底，雖說不是筆小數目，但至少比送到立案機構每個月要固定繳費，不知道得交到哪一年要便宜。何況立案機構床位太少，根本排不進去，衆生既然願意收容這樣的孩子，家屬感激都來不及了，哪裡還會抱怨？

從此我下定決心，一定要盡所有的努力，阻止其他機構步上衆生的後塵。沒想到，後來竟會遇到比衆生還要離譜的事。

假愛心，真斂財？

我一直很注意國內外服務機構的營運，多次自費前往日、美、德等國參觀國

◀▼ 對照豪華轎車與院生的狀況，實在讓人忿忿難平。

▲ 為眾生教養院一案走上街頭陳情。

▲ 為眾生教養院一案拜會前法務部長陳定南。

外機構的經營，同時也擔任中央及各縣市身心障礙機構的評鑑委員，全國機構大概都跑透透了。因爲累積的經驗夠多，我自行理出一套評斷機構好壞的標準：

第一，如果走進機構馬上聞得到尿騷味或體味，表示學員沒有天天洗澡，也不常更換衣服，這實在是太不人道了。扣分。

第二，學員如果有口臭就代表牙齒不好，牙齒不好身體就不可能好。這代表院方不重視口腔衛生，也不在意他們的健康。扣分。

第三，院生可以自行挑選喜歡的衣物，代表機構尊重每個人的個性及隱私。如果大家都穿一樣的制服，院生很容易交叉感染皮膚病，也反映院方管理觀念僵化。扣分。

第四，院長辦公室如果很大肯定有問題。機構提供的是走動式服務，留在辦公室的時間不可能太多，如果院長辦公室講究排場，表示他沒花心思在院生身上。扣分。

第五，學員的笑容。會笑，代表他們過得健康、快樂。這點當然是加分。

一九九七年，智總與其他身障團體合作，共同促成《身心障礙者保護法》

（原《殘障福利法》）修法，明訂「未限期改善機構予以停辦」，對服務品質不佳的機構產生一定壓力。不過法令只能規範君子，不能防範無賴，已被勒令停業的兆陽教養院就是最好的例子。

二〇〇一年，我擔任內政部身心障礙福利機構評鑑委員時，到桃園中壢的兆陽教養院進行評鑑。才進院區不久，我就發現這裡全部符合我的扣分項目。不說別的，光是看到院生擠在十五坪大的寢室就知道情況不妙了。你想想看，一群人從白天到晚上，坐臥睡覺都在這麼小的地方，怎麼受得了？

我調出資料一看，明明核准立案的收容人數是二十一人，卻住了二十六個人。按照規定，編制內教保人員有二十人，實際上卻只有十二人，而且符合專業規定的只有兩個人。這麼「精簡」的人事，每年還可以領六百三十萬的補助，沒有問題才怪。

這次的評鑑結果，兆陽自然是吃了個大丙，委託兆陽照顧二十多位院生的台北市社會局也決定終止委任關係。

沒想到這個決定，竟成了日後一連串荒腔走板戲碼的開端。

二〇〇一年十月，台北市社會局與桃園縣社會局前往兆陽教養院，打算把委託的院生帶回台北。院方卻說，院生去戶外教學，統統不在，桃園縣社會局說會負責協調，盡快讓台北市把院生接回去，然後，就沒有下文了。

過了一個月，台北市社會局再次前往桃園，智總跟殘盟等團體代表也跟著去。院方說，院生去宜蘭跟花蓮旅行了，五天以後才會回來。

那天兆陽的姜姓負責人也在。他不停吐苦水說，兆陽把院生照顧得那麼好，爲什麼會被打成丙等？還說，他向台北市政府提出訴願，抗議社會局「以不實理由要把院生帶回去，希望市政府能照顧身心障礙弱勢團體的權益」。

好個「照顧身心障礙弱勢團體」！我心裡哼了一聲，覺得這個人好會講話，只不過講的全是鬼話。

「你們老是這樣把人藏起來，要藏到什麼時候？」有人質問他。

「我們沒有藏，他們是去旅行嘛，你們爲什麼不信？」

「那上次呢？」

「上次？上次……是戶外教學啊！」

「你們福利這麼好，一天到晚出去旅行喔？」有夥伴忍不住諷刺道。

「就是啊，我們那麼用心，結果評鑑出來還不是丙等。」他眼光往我這邊瞥過來。

「你不要這樣啦，老玩這種遊戲。」

「沒有啊，就跟你們說了，他們是去旅行……」

「把人交出來啦！」不知道是誰忍不住喊了起來。

「那你們自己進來搜啊！」他哼哼一笑。

雙方唇槍舌戰了一陣，情況幾乎失控，桃園縣社會局長趕緊出面打圓場：

「前幾天社會局才發文給兆陽，要他們在兩星期內改善評鑑不合格的項目……不如，今天先請台北的朋友回去，等兩個星期以後你們再來帶人，好不好？」

就這樣，整個救援行動又被迫往後延了兩週。

這兩週兆陽的姜先生也沒有閒著。他邀請記者到兆陽參觀，說自己十一歲喪父，孤單的家庭生活讓他體會到弱勢的孩子需要關懷，才創辦了教養院想回饋社會。記者在新聞稿上說，兆陽的負責人帶著院生到宜蘭進行戶外教學，剛好遇到他生日，大家買了蛋糕祝賀，場面溫馨，然後新聞結尾突然冒出一段：

學員在午後離開宜蘭縣，中華民國智障者家長總會理事長陳節如打電話追尋這批學員的行蹤……智障者家長總會與北市政府社會局人員到處打聽這批學員的行蹤，也很關心他們的安全問題，必要時將請求各縣市警察局協查行蹤。（二〇〇一年十一月二十九日聯合報十八版）

不知情的人看了這則新聞以爲是我們緊張過度，但其實眞正緊張的應該是姜先生吧。過沒幾天，我又接到恐嚇信了，對方連兆陽院生家長的訃聞也寄來給我，用膝蓋想也知道背後是誰搞的鬼。他們以爲幾封恐嚇信就可以把我嚇跑嗎？眞是太不了解我了。

又隔了一個月，我們原班人馬再度前往兆陽接人。院方竟故技重施，說院生去佛光山旅行了。這回院長、社工、保育員及總務行政，統統不在，沒有人可以說明，也沒有人可以負責。

這麼荒謬的戲碼竟然可以連演三次，大家全傻了眼，一時也不知道該怎麼辦，只得回桃園縣政府共商對策。社會局長不在，副局長在，但副局長說，他也不知道怎麼辦。

這眞是一個失能的縣政府，不僅推功一流，落跑技術更是了得。

我們不是沒想過，乾脆直接把院生帶回去算了。不過台北市委託兆陽照顧的，都是身分不明的遊民，依照《民法》規定，市政府只是委託者，不是監護人，除非依據《民法》第十四條爲遊民申請禁治產宣告，取得監護人資格，否則市政府沒有權力貿然把人帶走。

我仔細查過，根據《地制法》第七十六條規定，「當地方政府應作爲而不作爲時，中央主管機關應代行處理。」既然桃園縣政府無計可施，內政部就應該出面解決啊！

爲了諷刺政府縱容不法，讓兆陽綁架院生，智總與殘盟等團體在內政部門口演出「慈善家乎？鴨霸王乎？」行動劇，要求內政部做出回應，林中森次長出面舉行協調會，做出「兆陽應在三天內交還院生，否則依法辦理」的決議，兆陽院方才心不甘情不願地放人，這場拖了將近一年的鬧劇才告一段落。

差不多一年之後，智總收到一封來自中壢市、沒有署名的來信：

智總你好，我們曾在兆陽教養院當過保育員，當初進這家教養院時就聽過很多傳聞，在那做了一陣子果然不出所料，與傳聞是一致的……

這家教養院的負責人騙錢花招很多，賣洗髮精、沐浴乳、拖把，表面上說是愛心洗髮精，實際都是員工在做而非院生，根本談不上愛心物品……

其間還開過一家天倫診所，因生意不好，院長還拿教養院院生的健保卡去蓋，後來規定所有員工也要去蓋，還說得很好聽，說本院補助健保費是給員工的福利……

爲了要申請更多的補助款，常會收容路邊的智障流浪漢，這樣就可多申請一份補助，有院生失蹤也照樣申請。本院本來就嚴重超收，也沒專業人員，一直沒有人管……

對於走失後再繼續申請的補助是否也該償還？也該受法律制裁？那可是納稅人辛苦的血汗錢，怎能讓這種沒愛心做善事的人用……

二〇〇四年，兆陽教養院沒有通過機構評鑑，被內政部廢止立案許可，桃園縣政府更罕見地發文給全國各縣市政府：「已請該院法人代表至法院聲請法人解散程序，呼籲民衆勿再轉介身心障礙者至該院或再對該院捐款，以免上當受騙。」

可是，故事還沒有完。

二〇〇八年，我拿到一張廣告宣傳單，是桃園縣平鎮市天倫慈善協會發送的，上面指出該協會捐款給越南景心慈善會，並由創辦人姜〇〇將一千萬支票交給該慈善會負責人。廣告宣傳單斗大的字寫著：

請給我們天倫協會更多的力量與支持，讓我們做更多的事。

因爲您的關愛所匯集的暖流，將使更多的人因您的付出而得到適切的照顧。近來景氣低迷，各項募款活動不如預期的目標，請告知親友共同參與天倫慈善協會的愛心活動。

我忍不住嘆了一口氣，長長的。

「不親民」的親民教養院

過去我知道很多教養院管教不當的悲劇，不過在未立案機構全部關閉，以及相關法令規定未改善就要停辦後，確實改善了許多。只是，就算有了法令的依據，還是很難避免人心的險惡。

二〇一三年，智總接到苗栗縣親民教養院內部員工的檢舉，說周姓院長長期以踹腳、手敲頭、打巴掌、扭脖子、木棍打人等不當行爲對待院生，過程毫不手軟，希望我們能出面救救院生。

聽到消息那天，我一整天心情都亂糟糟的，做什麼都不踏實。在立法院忙到晚上六、七點，好不容易把手邊的事處理完，匆匆忙忙趕到智總了解狀況。教養院員工提供的監視器側錄帶，一幕一幕慘絕人寰的畫面，令人目不忍睹：

畫面一，周院長用腳對著椅子上的院生連踹了九下。院生驚恐地揮舞著右手試著抵擋，卻被周院長手腳並用地朝他右腹及腋下攻擊了好幾次。

畫面二，周院長拿著一根約六十公分長的木棍，連續用力戳院生肚子，還猛力敲他的頭。

畫面三，周院長在走廊上對院生不斷地扯手、踹後腿。院生害怕地蜷縮在牆角，被周院長抓去撞牆，摔得四腳朝天。

憤怒與悲傷同時在心裡頭翻攪。身爲保護弱勢者的機構大家長卻做出這麼殘忍的事，眞是太過分了！我請同事調出資料查閱，發現親民教養院二〇〇八年的機構評鑑結果是丙等，複評後仍是丙等，到了二〇一一年還是丙等。根據《身權法》規定，如果在限期內沒有改善必須罰錢，親民教養院連續丙等那麼多年卻沒收過一張罰單，每年還接受政府補助七百多萬，行政部門不是無知，就是無能，要不然就是無恥，刻意放水！

我以立委辦公室名義與智總召開記者會，指出政府每年補助親民那麼多錢，院生得到的卻是這種照顧，縣政府不是怠惰，什麼才是怠惰？當我們播出周院長痛毆院生的畫面時，引起在場記者一陣驚呼。

我們一直以爲有畫面有眞相，員工提供的錄影帶就是最好的證明。周院長在接受記者採訪時卻理直氣壯地說：「這些院生有性衝動，不打不行啊，他們有的還會到處亂咬，就跟狗一樣。我是在矯正偏差行為，不是在傷害他們……而且每次『處理』完畢，他們就會正常一陣子，家長都很感謝我，你們不知道嗎？」

跟周院長比起來，縣府勞動及社會資源處的代表就「誠實」多了，他坦承每次稽查「只看設備和書面報告，沒注意到人的問題。」末了卻加了一句：「教養院經營很辛苦，罰他們會哇哇叫。」這句話聽得我一頭霧水，難道他們是怕教養院「哇哇叫」，所以不敢開罰？至於縣長劉政鴻的說法就更好笑了。他說：「陳節如委員無法體會地方主政者的痛苦。」「如果陳委員有本事的話，歡迎她把親民教養院的院生統統帶回去自己照顧。」

劉縣長趁著半夜去開挖農田，趁大家北上抗議拆掉張藥房，親民教養院有沒有問題明眼人一看就知道，他卻毫不知情，實在是太奇怪了。何況親民連續幾年評鑑丙等，縣政府連一張罰單都開不出來，這不是包庇，什麼才是包庇呢？

眼見周院長沒有悔意，縣長態度又很強硬，我在立法院衛生環境委員會質詢時，要求衛福部長邱文達出面解決，他建議應先暫停周院長的職務，靜待調查結果再說。沒想到劉縣長竟公開嗆聲：「請那個邱部長派人來接好不好？萬一那些院生出狀況了，誰負責啊？這樣他就不敢喊了啦！」

苗栗縣民有這樣的「大家長」，我眞替他們感到悲哀。

我與智總理事長楊憲忠幾十個人跑去監察院陳情，抗議苗栗縣長瀆職，包庇親民教養院。第二年，監察院通過沈美眞、黃武次兩位委員的提案，彈劾勞動及社會資源處處長，糾正苗栗縣政府與衛生福利部，總算是還給院生及家屬一個公道。沈美眞說，苗栗縣政府是一直等到他們要調閱調查報告才說：「馬上寫給你。」等調查報告送來，上面竟然沒有任何長官核章，讓她直批：「眞的很誇張。」「專業度眞的很不夠。」不過這回劉縣長的態度倒是收斂許多，只說監察委員應該是「誤會」，就沒再說什麼了。

二〇一五年，親民教養院因爲機構評鑑丁等，複檢又沒有過關，關門大吉。

利用照護機構中飽私囊，或透過個人職權虐待障礙者，這些血淚與屈辱的情節固然悲慘，但那就是人性，我們無能爲力。可眞正令我擔心的是，機構服務追不上社會需求，所以像衆生、兆陽、親民這種品質低劣的機構才會有生存的空間。

服務機構的存在應該是社會福利的一環，而社福資源的挹注當然是政府的責任。只是政府要到哪一天才願意正視這個問題呢？

反倒退，求生存

你知道撫養一個智障兒要付出多少代價嗎？

我仔細算過，一個重度智障者在十五歲以後接受機構的照顧，大概得花上九百萬。就算是中度智障者，也必須負擔將近七百萬，而且不包括從小到大的生活費。

也許你會說，我們家小孩沒有智障，可是托兒所或幼兒園的學費也不便宜啊。如果他們以後念私立大學，繳交的學雜費跟你們要繳的教養費恐怕也差不了多少。爲什麼你們老是抱怨？

提出這種問題的人，忽略了一個很重要的事實：一般孩子長大了，可以找工作養活自己，不需要家長照顧。然而照顧智障兒卻是一輩子的事，家長在心力交瘁之餘，還得面對教養費年年升高的事實，要他們怎麼活下去？

二〇〇一年各縣市政府開始提高補助門檻，許多智障者被迫離開教養機構又沒有地方可去，讓向來很好睡的我心裡七上八下，幾天都睡不安穩。

那時景氣很差，行政院主計處決定調整設算制度，各縣市政府著手削減社福預算，提高身障補助費的資產審核門檻，例如新增動產兩百萬及不動產六百五十萬的限制，讓不少智障家庭頓時陷入困境。

智總接獲好幾個案例，都是新制的受害者。原來手上有一點退休俸的老榮民，一夕之間失去全額補助的資格，只得請鄰居幫忙籌錢，支付四個智障兒的機構費用；南部種菜的老農夫有塊貧瘠的農地，因爲市價超過新的補助標準，被迫把孩子從教養院帶回家；一個月只有兩萬塊收入的單親媽媽存款超過兩百萬，所以原來縣政府補助四分之三的機構費用變成必須全額繳交，她不知該去哪裡籌錢，急得都快想不開了……

我不反對主計處以設算方式讓分配統籌款制度化，但這麼一來，不僅讓付不起費用的家庭陷入困境，也會讓未立案機構有了死灰復燃的機會。智總召開公聽會，要求政府不應設限不動產及動產標準，並訂定全國統一審核標準。內政部先是同意暫緩實施新制，過了一年卻改弦易轍，又把動產兩百萬及不動產六百五十萬的限制納入規定。一切又回到了原點。

我不明白，政府財政有困難，爲什麼最先刪減的是照顧弱勢的預算？主計處及內政部把問題丟給縣市政府時有沒有想過，這麼做，等於是把照護的責任又丟給無能爲力的弱勢家庭啊！

我洩氣了一陣子，很快又打起精神與幹部密集討論，覺得必須發起大規模抗議，才能讓政府感受到問題的嚴重性。省政府社會處立刻打電話給我：「陳姊，有事好商量，不要動不動就抗議，這樣很難看啦！」智總的同事也勸我：「上街頭抗爭人數要夠多，萬一『糾』不到很多人來，豈不是漏氣？」

人不挑戰一下自己，怎麼知道自己有多少能耐？我親自打電話給各地家長及熟識的社福團體，解釋新制的問題出在哪裡，以及我們的訴求是什麼。夥伴聽了我的說明，紛紛表示會力挺到底，讓我原本躁動的心情總算安定了下來。只是屆時會有多少人來參與？我沒有把握，只能不斷向老天爺禱告，抗議當天千萬別下雨才好。

二〇〇二年五月十日，天公果然作美，天氣好極了。我起了個大早來到遊行地點，發現智總、殘盟、伊甸、陽光、喜憨兒、牧心等團體的朋友已經都來了，他們肩並肩，頭挨著頭，大概有幾千個人吧，其中還有不少障礙的孩子。

站在戰車上往前望，只見黑壓壓的人頭不斷蔓延出去，彷彿看不到邊際。我拿起大聲公，向坐在內政部裡面吹冷氣的官員喊話：「政府提高補助標準，是要讓那些弱勢家庭怎麼活？你們這些坐辦公室的人，爲什麼都想不到這些？政府怎麼可以這麼不負責任，把問題丟給他們自己解決？」

不知不覺，太陽走到天空正中央，溫度大概有三十幾度，熱得人從頭到腳都是汗。我站在戰車上，無意間看到有個孩子可能是癲癇發作，被大家急急忙忙抬上救護車，離開了現場。這是個什麼樣的政府，逼得孩子冒著暑熱站上街頭，只爲換取生存下去的機會？驟然而生的悲哀把我的心揪成一團，我喉頭發哽，說不下去了。

戰車上的夥伴拍拍我的肩膀，一把接過我手上的大聲公，率領抗議群衆大聲喊道：「部長出來！部長出來！」當幾千個人的喉嚨一起放聲高喊著同樣的字句，手上的喇叭同時作響，那樣高昂的聲勢，像是直達雲霄。

我們拉著白布條走到行政院門口時，李應元祕書長和余政憲部長匆匆趕過來了。我代表抗議隊伍說明新制的缺點，誠懇地提醒官員，家長已經那麼老了，政府還不斷提高補助標準，不是逼他們走上絕路嗎？我們不是漫天要價，而是捍衛障礙者的基本生存權，也是防止專業服務體系崩潰啊！

經過三小時協商，行政部門總算了解，提高資產審核門檻不只是少數個案，而是關乎整體社會的問題，是國家表達其對待弱勢者的態度與高度的問題，也願意做出善意的回應：取消各縣市動產及不動產附加條件。

已經過午了。大家紛紛收起白布條，各自將寶特瓶與吃剩的便當盒帶走，結束了這場抗議行動。

勝利絕不會從天上掉下來，五一〇「反倒退，反生存」行動的成功，再次證明了群眾的力量。這次的抗爭，對我，對當天在場的人，應該都是一次永生難忘的經驗。

▲ 至內政部抗議提高殘障津貼領取門檻等問題，提出「反倒退求生存」口號。

3 讓他們有個「家」

第一兒童發展中心事件對我的人生有很大的影響，反對住戶的心聲也讓我見識到人性的自私。

很多人都是這樣。興建掩埋場？好啊，只要不建在我家附近就好；興建核電廠？可以啊，只要別蓋我家周圍就行。同樣的，大家口口聲聲說智障兒好可憐，覺得持反對意見的住戶很壞、很可惡，但如果教養院決定進駐你家的社區，誰敢保證自己不是那個丟石頭的人？

官邸社區及建軍國宅的抗爭是我記憶中永遠的痛，這兩起事件讓我深刻體認到，原來，障礙者的生存如此不易。而令人不捨的，是這些孩子顯露出來的勇敢與堅強。

我們的權益，我們的家

二〇〇三年，春天，中壢市北帝國官邸社區。

這裡是個單純安靜的新興社區，只要走幾步路就有便利商店、小吃店，社區門口又有警衛亭，生活機能十分完整。中壢啓智技藝訓練中心就是看中這些優點，所以買下兩戶房舍打算作爲學員學習獨立自主，融入社區生活的基地。

沒想到學員還沒搬進去，消息靈通的住戶就緊張了。他們直接向啓智中心反應：「這裡不歡迎你們，請你們搬走。」

啓智中心私下與住戶溝通了好久，住戶的態度很強硬，在社區掛白布條抗議：「堅決反對官邸社區被啓智人士進住。」使出的手段更是一天比一天激烈，一次比一次惡劣。

起初，只要啓智中心的老師帶學員進去打掃，住戶及社區警衛就會在門口咆哮：「你們不准進來，給我們出去！」他們照樣打掃整地，進進出出，假裝沒聽見。住戶就用身體擋在走道，強力阻攔，語帶威脅地說要他們「好看」。

啓智中心到派出所報案，住戶有民代當靠山，根本有恃無恐。學員想刷卡進門，發現卡片無效，直到老師報警處理，警衛才勉強放行。但只要學員一走出去，他們又故技重施，還用三秒膠塗在鑰匙孔，讓他們有鑰匙也進不了家門。

啓智中心一再隱忍，就怕壞了鄰居感情，幾乎到了「打不還手，罵不還口」的地步，住戶卻不願放過他們。有次在管委會示意下，警衛竟破門而入，硬把學員從房子拖出來。老師爲了出面保護與一旁叫罵的住戶發生拉扯，衝突之中有學員被推倒在地，但住戶仍不肯善罷甘休，有人繼續衝過來，掄起拳頭想打他們，甚至還說出種種惡毒的話。

他們對這些不合乎標準規格的孩子，就好像對待要丟棄的瑕疵品一樣無情。

事情鬧大了以後，派出所、分局、縣政府出面協調，住戶說什麼還是不肯坐下來好好討論。內政部向啓智中心抱怨說，一定是你們事前溝通不良，沒有敦親睦鄰，才會引起這麼強烈的反彈。問題是，敦親睦鄰的前提是雙方要有溝通的誠意，才可能醞釀出足以溝通的條件，帝國官邸的住戶寧可用抗爭、阻撓來表達憤怒，是要啓智中心怎麼談呢？

隔了幾週，居民竟惡意地斷水斷電，擺明了要逼走他們。他們向縣政府舉報，縣政府卻裝聾作啞，不聞不問。他們只好靠著水塔所剩不多的水來煮水餃、泡麵果腹，過了五天沒水沒電的日子，直到彈盡糧絕了才不得不離開。

我聽到消息時，心裡不禁一陣抽痛。這些孩子既不是瘟疫，又不是恐怖分子，住戶為何要苦苦相逼，還對他們動手動腳？於是智總與殘盟共同召開公聽會，控訴官邸社區住戶的暴行，也指責主管機關太過消極，不管障礙者死活。公聽會那天，那個被警衛硬拖出來的學員也來了，是個很乖巧的女孩，她一字一句慢慢地說：「我比別人笨，但我不會害人，為什麼社區的人都想趕我們走……請大家幫幫忙，請鄰居不要欺負我，不要對我兇，我只是想養我在家裡的金魚……現在我的家回不去，我的魚也死掉了……」

那一刻，現場沸沸騰騰的爭吵聲好像突然都消失了，只剩孩子的聲音迴盪在偌大的會議室。曾幾何時，人們已失去了對弱勢者的關懷與同情？人與人之間的立場與利害關係，眞的可以讓人不再悲憫與善待嗎？

我們繼續遊說公部門與民代，並積極關切事件後續發展，內政部要求桃園縣政府出面協調，還說：「如果居民仍舊拒絕溝通，請相關單位以公權力協助進住。」結果縣政府只開過一場協調會，最後協調不成就沒再過問了。

那時浮在我心頭的，不是憤怒，不是哀傷，而是沉重的責任。因為這件事讓我深深體認到，障礙者沒有任何外人可以依靠，唯一能夠依靠的，就只有我們自己了。

令人不解的是，過了幾個月，整起事件竟有了峰迴路轉的結局。內政部官員及桃園縣員警權充保鑣，突然帶著十幾個孩子進入官邸社區的住家，而且整個過程很平靜，很順利，沒有任何居民出來抗議。甚至有人在他們家門口貼了一張小小的海報，歡迎孩子住進來。

究竟是什麼原因讓住戶有了一百八十度的轉變？我不是很確定（聽說是桃園縣分局警告住戶再來亂的話，就把他們統統捉起來），至少，孩子們總算可以回家了——雖然從啓智中心到官邸社區這段短短十分鐘的路程，他們走了快兩年才走到。

健軍國宅抗爭紀實

官邸社區事件鬧得如火如荼的同時，育成的健軍國宅也發生幾乎一模一樣的情況。

事情是這樣的，九〇年代初，台北市政府社會局在局長顧燕翎的帶領下，積極推動「社區家園」的概念，他們買下汀州路健軍國宅一樓四戶房舍，委託育成辦理團體家庭。官邸社區的慘痛經驗讓我們在面對住戶可能的反彈時，已有充分的心理準備，入住時也十分低調，就怕引起不必要的衝突。

沒想到，學員對於美好家園的想像，完全經不起現實的考驗。

學員還沒正式搬進健軍國宅，就有住戶在外牆和路樹上掛滿抗議布條，見到我們工作人員便以難聽的字眼辱罵，還用噴漆在窗戶上寫下「反對智障者入住」等字眼。至於他們反對的理由，不外乎「智障者性情古怪」「有暴力傾向」「會隨地大小便」。最可惡的是，有住戶言之鑿鑿地傳播謠言說：「智障是種精神疾病，會透過空氣傳染。」要求我們設置隔離的空調設備，真的很誇張。

我們親自登門拜訪住戶，再三向他們解釋，智障不是疾病而是缺陷，它不像天花或霍亂，是不會傳染的。至於智障者有時會用大叫、推擠來表達情緒，是因爲他們的溝通能力比較弱。其實他們很喜歡交朋友，只是不善辭令，不懂得社交技巧，如果願意花點時間和耐心，就會發現他們很可愛……

「可愛？別笑死我了。如果他們動手打我們的小孩，誰要負責？你能負責嗎？」一位打扮入時的中年男子冷冷地說。

「我們的學員不會隨便打人啦，他們不是你們想的那樣。」我說。

「少在那邊說有的沒的，」一個小個子女人尖銳喊道：「有本事，把他們帶回你家，你自己養，不要丟在這裡！」

「這裡是他們的家，他們跟你們一樣，有權利住在這裡。你們怎麼這麼不講道理呢？」

「×××！」另一個聲音叫喊道：「別說那麼多啦！把他們統統趕出去！」

因爲住戶的態度極不友善，爲了安全起見，我們每個月花九萬塊裝設監視系統，還聘用了保全人員，市政府也出動警察到社區站崗，就怕學員受到傷害。然而住戶就是有辦法搞破壞，言語的辱罵、肢體的阻擋，用三秒膠糊住鑰匙孔……所有你想得到、想不到的花招，他們都有辦法做出來。

有里長、市議員，甚至社福團體的朋友勸我，住戶再這麼鬧下去，還要撐嗎？這麼堅持的意義是什麼？

只要是對的事，我向來一定堅持到底，這是原則問題。如果這次我們退縮了，住戶就會得寸進尺，手段也會越來越激烈。如果我們放棄健軍國宅建立團體家庭的機會，難保不會在其他地方碰到同樣的情況，屆時難道又放棄應有的居住權，不戰而逃嗎？

我們不斷耐著性子與住戶溝通，也多次拜訪里長及附近居民，安排他們參觀其他啓智機構，讓他們了解智障者一點都不可怕，反而是他們最友善的好鄰居。我也親自打電話給大安、文山區的議員，請他們幫忙協調，不希望因爲任何誤解造成像官邸社區那樣的衝突。

剛開始住戶的反應很冷淡，經過同仁充分的說明、誠懇耐心的溝通、傾聽對方的不滿，才逐漸打動他們的心。尤其當他們了解到原先抗拒的，只是一群天眞友善有如孩童的學員時，態度也漸漸軟化下來。

後來，健軍團體家庭終於順利開辦，讓成年的身心障礙者在社工員的協助與陪伴下，擁有屬於自己的小天地。一路相挺的社會局長顧燕翎說：「身心障礙者團體家庭是符合世界潮流趨勢及他們需求的措施，而健軍團體家庭可以讓社區民眾更接近他們，也更了解他們的需要，讓他們成爲獨立的個人……未來，我們希望能夠讓社區化的服務遍及台北市每一個角落，也期待社會大眾秉持著尊重與接納的心，爲努力活出生命色彩的身心障礙者打氣加油！」

權利不憑運氣，唯憑努力與毅力。至少，我是這麼相信的。

Chapter 5
給他們一個機會

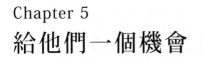

1 第一張扣繳憑單

在我眼裡，昆霖永遠是個天眞可愛、無憂無慮的孩子，大概是做媽媽的偏心，我覺得他的眼神總是比其他孩子來得清澈透亮，像是會閃閃發光。或許是因爲在他心裡始終住著一個純眞的小孩吧。

直到昆霖接到兵單，我才突然意識到，這個看起來永遠長不大的孩子已經是個成人了。一般孩子到了二十歲，可能正在準備就業或已經在上班了。重障的昆霖眼睛不好，手腳也不太行，自然沒辦法工作，然而其他輕、中度的智障者呢？他們有沒有可能發展一技之長，自食其力？

許多智障兒的家長習慣把孩子關在家裡或待在機構裡，認爲他們只要平平靜靜度過一生，就是最大的幸福。這樣的決定絕對是出自愛，然而一味地保護孩子不讓他們接受任何挑戰卻未必是件好事。在我看來，只要孩子有一點能力，都應該盡量發揮出來，想辦法讓他們自食其力，這才是家長該負擔與扮演的角色。

根據我的觀察，大部分輕、中度智障者都有工作能力及意願，反而是照顧者（通常是父母）過度擔憂，阻礙了他們就業，再加上一般常把「智障」與「無能」畫上等號，讓他們始終被排除在職場以外。關心弱勢者，不是把他們身體照顧好就好，還必須了解及開發他們的潛能，讓他們自主選擇與管理生活，這才是尊重障礙者的基本態度。

有一次參觀日本的智障者就業訓練中心，當我看到智障者在就服員的協助下，拿著小匙子一瓢一瓢地將飼料裝進袋子裡，興奮與感動的情緒同時浮上心頭。原來，一個簡簡單單裝飼料的動作，也可以讓障礙者發揮所長，證明他們存在的價值！

那次參訪的經驗徹底改變了我對智障者出路的想像，也燃起我迫不及待的心情想投入智障者的職業輔導，只是該從什麼地方著手，我還不是很有把握。直到一九九七年前往香港參訪就業訓練、職業評估與轉銜制度，我心想，這就是我要的了。

香港的職業評估來自英國，評估團隊集合了各類專業人士，包括工業心理師、復康行政員、復健科醫師、社工、就業服務主任、職能治療師、評估工作導師等，評估項目除了體檢及智能測驗之外，還有興趣、傾向、社交性格、生活自理技巧、家庭網絡、工作習慣、表現觀察、耐力等，因爲專業能力夠，評估項目又很仔細，所以接受訓練後的障礙者受雇率很高，大概有百分之七十五左右。

香港的職業評估工具設計得十分精巧又很細膩，可以測出障礙者的空間、圖形知覺、機械推理、文書知覺、手部靈巧與手眼腳協調程度，反觀台灣的職評還停留在傳統的紙筆測驗，很多智障者連筆都拿不穩，更遑論是寫字了，用筆試根本測不出他們的能力，自然也無法找到適合他們的工作。

香港這些工具、制度的背後，是由態度在主導。那種態度是對障礙者的尊重，他們想盡辦法了解障礙者，進而開發他們的潛能，這才是職業評量該做的事。那時我腦海裡只有一個念頭：我要把這套制度引進台灣！但負責這項業務的蘇姑娘（香港職評局的工業心理師陳蘇福華，大家都叫她蘇姑娘）不知是什麼原因，始終沒有鬆口答應。可是我沒死心，接下來幾年只要有機會到香港出差，我一定會去拜訪蘇姑娘，跟她聊聊最近正在進行的方案，她總是很熱心地提出建議，至於我想引進評量制度的事，她仍舊不置可否。

過了幾年，台北縣政府想成立職評中心，育成基金會打算去競標承接。爲此我特地跑了一趟香港，再次詢問蘇姑娘的意願。

蘇姑娘認眞問我：「你們眞的要做？」

我說：「就是決定要做，才要請你幫忙啊！」

她又問我：「這條路沒那麼容易走，你們有這個決心嗎？」

我誠心誠意地點頭：「有！」

隔了幾天，蘇姑娘特地飛來台灣與我們展開密集的討論，終於同意替我們建立職評制度與訓練人才。事後蘇姑娘告訴我，她確實感受到育成同仁的熱情與決心，才答應助我們一臂之力，可見她跟我們一樣，都是想把事情做好，甚至比做好還更好的人。

二〇〇三年，育成基金會順利承辦「台北縣身心障礙勞工職業輔導評量中心」（二〇一一年轉型為「新北市身心障礙者職業重建服務中心」），提供專業深度的職評與轉介服務，這也是全國第一家以中心模式成立的職業評量服務機構。截至目前為止，中心已經服務了一千多位智障、精障及多重礙礙者，協助他們培養就業能力並提供就業建議，現在負責台大醫院部分清潔工作的十五位身心障礙者，就是透過我們媒合成功的結果。

日後，我們接受台北市政府的委託，成立育成身心障礙者就業服務中心，協助輔導更多身心障礙者進入就業市場，適應社會。回想起這一切，我總是想到蘇姑娘，想到她無私的付出，讓我們找到落實理想的機會。

外界看育成不斷承接公部門的職評單位，以為這一切得來全不費工夫，殊不知這條逆風的路走起來是難以想像的辛苦。曾跟我們一同前往美國觀摩職評制度的蘇昭如（前台北市社會局專員、勞工委員會職業訓練局訓練發展組組長）說：「有時我覺得這群人眞煩，不是說明過了嗎？怎麼還有那麼多意見？但我怎能不一次又一次坐下來聽他們說？他們就是這樣，一次又一次不厭其煩地奔走在立法院、社會局或職訓局的會議室……不斷大聲疾呼智障朋友的權益與需求，苦口婆心地輔導第一線的就服員如何把服務做得更好，遊說立法委員及政府官員，法令條文怎麼訂對身心障礙者最有幫助……看在眼裡，我只有欽佩、慚愧的份。」

為什麼我們有這麼多意見、這麼不厭其煩、這麼苦口婆心？說來說去，當然是為了孩子的將來。

「給他一條魚，不如給他一根釣竿。」照顧障礙者也是這樣。我們給他一條魚，他可以暫時吃飽，但是魚吃完就沒了，接下來怎麼辦？這就像發放救濟金或生活補助金一樣，是社會福利，但用完了怎麼辦？所以，我們給他一支釣竿，幫他找到一份工作，他可以自己賺錢，自己買魚吃。

記得十多年前，自閉兒「波波」在育成接受職評後找到工作，當他拿到生平第一張扣繳憑單時，媽媽欣喜若狂地說：「一份如假包換的扣繳憑單，所得總額欄上寫著20,236元……不爭氣的眼眶頓時一陣濕熱，是欣喜、是安慰。眼前這個二十五歲，高瘦英俊的青年，終於在國稅局有了所得紀錄！」

一張扣繳憑單，印證的是天生我才必有用，正如育成的座右銘：「只要放對了地方，每個人都是人才。」

2 魔鬼訓練營

自從引進香港職業評量制度後，育成在發展個案管理制度、多元化職業資源等方面都有很大的進展，這就是所謂的「職業重建」。

「職業重建」的意思就是提供障礙者有系統、專業性的輔導與支持，協助他們順利進入職場，或是重新回到職場。育成是民間團體，服務的人數與範圍有限，要讓障礙者快速且順利地找到工作，主要仍得靠主管單位，如勞委會（現已改爲勞動部）及各縣市政府勞工局的支持。然而公部門的職業重建服務問題很多，像是各障別就服員的工作不平均，服務品質參差不齊，服務績效又缺乏完整規範……該如何解決這些問題？我看公務員好像不怎麼在意，都沒在動腦筋想該怎麼做。

我常跟智總及育成的同仁說，看事情不要陷在自己的小圈圈裡，一定要走出去，看看別人是怎麼做的，好好學起來跟著做，絕對會省事很多，我非常重視出國考察的績效，就是這個道理。後來我忘記聽誰說，美國職業重建服務做得很好，應該很值得造訪，於是透過台師大林幸台教授、邱滿艷教授、長庚大學柯平順教授的協助，仔細規畫了幾次美國考察行程，拜訪當地的復健中心、學術研究單位及政府相關部門，大家都有很大的收穫。

過去在倡議早療議題時，智總辦了好幾次國外考察，也會有官員隨行，他們一路走走逛逛，邊吃邊玩，回去再簡單寫（抄？）個報告，就算大功告成，我很看不慣。出國考察的目的是觀摩學習，又不是遊山玩水，怎麼可以這麼隨便？考察費用花的是公帑，是民脂民膏，怎麼可以這樣黑白來？

後來我學到一個教訓，以後再辦出國參訪，絕不讓團員有打混的機會。我嚴格要求同仁事前做好縝密的規畫，收集整理資料、舉辦與主題相關的座談，針對提問進行分工討論，才能扎扎實實有所學習。同時，我也強烈建議公部門應該派負責業務的人來參加，不要把考察當成慰勞長官的旅遊行程，只是有些單位依然故我，我也很無奈。

跟我出國參訪過的人都知道，我在機場集合時會精神喊話，期許大家認真學習，並要求團員一定要集體行動，不可擅自離隊跑去shopping。每次話還沒說完，就看到大家面面相覷，一副「誤上賊船」的樣子，真的好好笑。

記得去美國伊利諾州與威斯康辛州參訪那次，我私下拜託智總祕書長林惠芳說：「接下來這幾天，你要負責把每個人都『顧著著』，千萬別讓人溜掉！」惠芳勇敢地接下這個任務，事後也證明她很用心，十天的行程都沒有人落跑，他們大概也不敢啦。

我們參訪團的作息跟上班差不多，每天從早忙到晚，造訪完一個單位就馬上坐上交通車前往下個地點。在路上我會一一點名，要大家說說剛才參訪的感想，再讓同仁提點下個行程的重點。參訪行程結束坐上車，我又會逐一點名，要大家提出問題，再進行簡單的討論。晚上吃過飯，全體團員準時八點在飯店lobby集合，繼續討論參觀心得、釐清疑問，提醒隔日要收集的資料，通常得弄到十一、二點才「放」大家回去睡覺。

我做起事來拚命三郎的性格，同仁都很習慣，可是其他人卻不怎麼買帳，頻頻抱怨活動安排太緊湊，都沒有時間逛街。有同事勸我：「是不是行程不要排那麼滿，留點時間給大家去玩？」我才不管，有人愛抱怨就讓他們抱怨好了，我們是來學習，又不是來觀光的！

幾次參訪美國的職業重建單位，其中讓我印象最深的就是由智障家長發起的「The Arc of San Francisco」。

成立於一九五一年的「The Arc」是專門爲成年障礙者成立的機構，服務對象包括心智遲緩者、腦性痲痺患者、癲癇症、自閉症者，跟育成基金會還滿像的。它們有超過二十萬名會員，每天提供超過四百名智障者多元化的服務與支持，至於我們參訪的「The Arc of San Francisco」，是「The Arc of the United State」的分會，也是舊金山唯一由家長創辦的非營利機構。

「The Arc」在社區推動小群組或部分工時已經很多年了，他們的工作教練Job Coach評量個案工作的流程是這樣的：先了解障礙者的性向及工作時間，進行試作並觀察工作技能與社交能力，接下來再確定個人興趣，然後才會正式提供就業服務。因爲評估過程十分仔細，所以就業成功率高達百分之八十以上。

接受「The Arc」訓練的人可以承接的工作很多，包括撕碎紙、擦亮折紙機、回收紙張與瓶罐、歸檔、翻印照片、裝塡信封、包裝及貼標籤、郵件分類與寄發、傳眞、文件掃描、辦公室廚房清潔、煮咖啡、清潔與整理會議室、物品採購、簡單資料登記等，對當地的小型企業來說，既可省下訓練成本又可以節稅，十分划算。而且他們的結案標準不僅是替智障者找到工作，還會扶持他們直到獨立生活爲止。這樣的照顧才是全面的照顧。

他山之石，可以攻錯。到國外吸收先進觀念，思考如何有效改善或強化台灣既有的情況，可以少走很多冤枉路，當然要很拚才行。所以每次出國考察，我一定嚴格要求行程緊湊扎實，絕不浪費時間在不必要的事情上，而且考察結束，團員必須繳交心得報告，事後我會親自批閱，隨便應付亂寫的，一律退件重寫，讓不少團員暗暗叫苦。聽說有人私下形容我們辦的考察團是「魔鬼訓練營」，還說：「陳姊帶的團，眞的很操！」

認眞做事比什麼都重要，至於別人要怎麼看或怎麼想，就隨他們去吧！

3 皇帝洗車記

爲了拓展障礙者就業的可能性，育成什麼都很願意試試看、願意碰觸。我想到歷史悠久的陽光洗車中心，他們提供了顏面傷殘者許多工作機會，工作門檻又不算高，或許可以試試。後來育成爭取到台北市勞工局位於建國南路、濟南路口高架橋下的空地，決定作爲洗車中心的場地，一九九八年，「育成洗車中心」正式開張了。

我們雇了十幾位智障及肢障員工，光是訓練他們如何上手就費了一番工夫。有個眉清目秀的男孩學得很快，也很認眞，但有回他跟爸媽出去玩，才不過請了幾天假，回來上班竟然已經把所有的洗車程序全部忘光了。沒辦法，只好重頭再教一次。

有句話說：「上帝關了一扇門，必定會再爲你打開另一扇窗。」這句話用在洗車中心的學員身上還滿貼切的。我總覺得智障的孩子特別乖巧，他們的想法很單純，老師要他們做什麼，一定使命必達，因爲不知道什麼是「摸魚」，所以工作起來特別賣力，不會偷工減料。有些計程車運匠特別愛來我們這裡洗車，還說：「這裡洗車方便又便宜，而且洗得乾淨，反正都要給別人賺，不如給這邊賺！」

育成洗車中心的地點不是很好，我們又不做宣傳，經營得滿辛苦的。有時孩子一天洗不到幾部車，還會問老師說：「爲什麼都沒有人來？是不是我們洗得不好？」我聽了心裡很難受，總覺得自己虧欠了他們。

大概過了一年左右，有天同仁興奮地告訴我：「陳姊，張國立說要捐錢給我們，還要來洗車中心當義工耶！」我很少看電視，也從來不看連續劇，第一個反應是：「張國立？他是誰啊？」我根本不知道這個人是當紅的「皇帝小生」，兩岸三地大概只有我不認識他。

起初我心想，像他這種大明星願意捐錢已經不錯了，要他捲起袖子親自洗車？不可能啦！張國立透過經紀公司說，他是眞的想做公益，不希望被外界誤解，還說：「希望自己是一粒種子，能夠深埋在台灣的土地上，期待有朝一日能開花結果。」我才知道，原來他是玩眞的。

那是個悶熱的夏天，張國立一早就來到我們洗車中心，穿上員工制服的紅背心，跟洗車中心的學員一一握手問候，問他們：「你負責什麼工作呀？」看到大明星來，員工都高興死了，有的歡呼，有的拍手，紛紛搶著跟他說：「我洗車！」「我擦車！」「我打蠟！」張國立笑著說：「那我做什麼？替我派一個吧！」

這時一輛黑色富豪房車慢慢駛進來，是要來洗車的。張國立一聲不吭，跟著大夥拎著乾抹布，邊學邊擦。起初車主沒認出張國立，直到四周記者的鎂光燈閃個不停，他搖下車窗，才發現是張國立在替他擦車子，嚇得趕緊又把車窗關上。

整個上午，我看張國立一直悶著頭，拚命地擦車子，偶爾低聲問問身旁的學員：「這蠟要怎麼打啊？」又繼續埋頭工作。後來他大概是熱到帽子戴不住了，乾脆摘掉帽子，露出一個大光頭、滿臉汗涔涔地工作。事後我才聽說，這是他生平第一次自己動手洗車。

那天中午，我帶張國立到城中發展中心參觀，那裡的孩子看到他也好高興，主動說要煮水餃給他吃，還泡了咖啡。張國立邊吃邊說，早上他一邊洗車，一邊看到學員努力的模樣，心裡很受震動，希望能多幫點什麼忙。有個孩子悄悄走到他身後，像是用盡所有力氣，一個字一個字慢慢說出：「我—可—不—可—以—跟—你—握—手？」

張國立先是有些吃驚，進而立刻緊緊握住孩子的手。我看得出來，他已經快要哭了，一雙眼睛水亮水亮的，但還是努力克制住。

「皇帝親自洗車」替育成洗車中心做了一次很好的免費宣傳。直到今天，我都記得他紅著眼眶、用力握住孩子雙手的模樣。

洗車中心的學員都很乖巧，但也有點死腦筋，因此發生過一些有趣的插曲。曾經有人來洗車，等車子洗得差不多，開到擦乾區的時候，學員突然衝到駕駛座旁邊，拚命用手敲窗玻璃，把駕駛嚇了一跳，遲遲不敢開窗。原來學員在沖水時把車子後座的椅墊弄濕了，想請駕駛打開後門，好讓他用抹布擦乾淨。事後那位駕駛非常自責，一直跟我們道歉，直說都是他不好，沒把窗戶關緊，還大力稱讚員工好認眞。

育成洗車中心的地點在建國高架橋下，目標不是很明顯，加上設備日益老舊，十年下來虧損了差不多五百萬。我心想，萬一洗車中心開不下去了，這些孩子該麼辦？他們是否有其他地方可去？畢竟有些孩子是靠洗車的微薄收入養家，一下子要轉介那麼多人到別的地方工作，恐怕沒那麼容易。

就在我們苦思該如何改善時，「天使」出現了。一群包括外科醫生、設計師、導遊、樂團主唱的志工主動向育成表示，他們願意免費替洗車中心「美容」，這種天上掉下來的好事讓我們簡直不敢置信。這群志工爲洗車中心重新設計招牌、休息室、廁所、打蠟區、圍籬，自己動手油漆、打掃，短短半個月，原來冰冷的圍牆變得綠意盎然，簡陋的休息室有如咖啡廳，灰色的牆面掛滿學員快樂的照片。整個洗車中心有如改頭換面，漂亮極了。

一年之後，幸運之神再度光臨我們。這回是美商3M的台灣子公司，他們公司的志工團討論了很久，決定選擇替育成洗車中心轉型，成爲全國第一座環保省水綠洗車廠。

這群被我們戲稱爲「全能改造王」的志工花了三個月時間，免費裝設了省水閥、環保洗劑調節器等環保設計。有志工發現學員長期接觸清潔用品，雙手很容易乾裂，特地捐給我們一批不含活性界面的環保清潔劑及打蠟劑，不只保護學員的雙手，也可有效減少洗車汙水排入下水道可能產生的問題。

育成洗車中心的營收狀況一直不是很理想，不過我向來是個活在當下的人，從來不後悔過去做了什麼或是沒做什麼，也不想浪費時間憂慮未來還沒發生的事。我寧可老老實實思考現在該怎麼辦，如何解決眼下的問題。

與其擔心未來，不如活在當下，承擔一切。因爲也只有承擔，才能主宰自己的人生。

4 安心的庇護所

我在育成基金會成立後便打定主意，只要是政府提供的服務，都要試著做做看，如此一來，只要碰到不妥或窒礙難行的法規，或是補助不夠合理的地方，就可以根據實際辦理的經驗，直接向政府提出改進建議。

一九九四年，得知台北縣政府勞工局有意經營庇護工場，我想，既然機會擺在眼前，當然要爭取看看。可是馬上有人澆我冷水說，經營庇護工場跟服務機構完全是兩碼子事，需要很多資本及更專業的經驗，你眞的要做？難道不怕失敗？

我知道，很多人都害怕失敗，但我不怕。什麼叫失敗？是不賺錢嗎？反正育成本來就不以盈利爲目的。至於我怕什麼？其實我最怕的只有外宿時得一個人睡覺，其他的事，我根本沒在怕。

透過公開招標程序，育成順利取得蘆洲「集賢工場」的經營資格，做起小規模的「生意」，主要是承接食品包裝的代工。不過我始終認為，就算經營庇護工場，也要思考自己的定位，如果只是代工便無法發展自己的特色，終究會被市場淘汰。

有天我走在忠孝東路上，看到專賣有機食品的小店，心裡浮現一個想法：「發展天然、沒有人工化學添加物的食品，或許可以走出自己一條路來！」我四處打聽，聽說專門製作天然食品的「悅豐小鋪」的產品很不錯，便找了基金會的常董郭寶英及執行長賴光蘭，一起去說服悅豐的負責人陳宇恬，希望由他來負責集賢工場。

陳宇恬仔細聽我們說明了什麼是庇護工場，以及庇護工場的需求後，顯得有點惶恐，直說他沒有經驗，婉拒了好幾次。我感覺得出來，他很有心幫忙，只是怕自己扛不起來，經過我們不斷的說服、說服、再說服，才同意接下這個任務。

透過宇恬的人脈，我們得到替有機商店「里仁」負責填裝滷包的工作。我們在市面上買了好幾種做滷包的白棉袋，發現大部分都經過漂白，用來封口的棉線裡有尼龍，用火一燒就黑。想想看，這樣的滷包丟進湯裡熬幾個鐘頭會滷出什麼東西？眞是太恐怖了。

好不容易找到有工廠願意提供沒漂白的麻布及棉線，我們又面臨無人縫製棉包的問題——一般工廠基本的接單量是十萬個，我們的量太少，沒有工廠肯接單。宇恬靈機一動，想到永明發展中心有縫紉班，或許幫得上忙。果然，自己人最可靠，讓我們做出既安全又平整的滷包袋。

有了安全的滷包袋，剩下就是指導員工如何塡裝了。老師花了三個月時間，指導員工學會用勺子把藥材裝進袋子裡，放上磅秤，秤對了，再交給另一個員工，把袋子封口打結，再交由另一條生產線上的人，把綁好的滷包裝進塑膠鏈袋，六個滷包裝成一袋，才算大功告成。

庇護工場的員工都是個性很眞、很直的孩子，腦袋裡沒有「差不多」的概念，只有「對」與「不對」，有時溝通起來很令人頭痛。譬如滷包大概是十二公克一包，通常上下加減個零點幾公克都在合理範圍，但對他們而言，電子磅秤上的數字一定要剛剛好停在「12」才可以，如果不是十二，就會一直調整到十二爲止，秤一個滷包得秤個五、六次，耗費不少時間成本。後來我們想出一個法子，在電子磅秤旁貼一張標準重量表，清楚寫下11.9、12及12.1都合乎標準，只要一看就知道對不對，工作效率果然好多了。

感謝許多善心人士的幫忙，讓集賢一直有訂單，員工一直有工作可做。然而庇護工場想永續經營不能只靠外界的愛心，還是得打響自己的專業與品牌。於是在包裝代工逐漸穩定後，我們決定研發天然無添加物的食品。

集賢的同仁很龜毛，一般做餅乾蛋糕必用的香料、膨鬆劑、防腐劑、化學色素及人工甘味劑，一律統統不用，堅持只靠天然食材的好味道取勝。若想爲食物增加一點香氣，只用通過黃麴毒素檢驗的優質花生，如果想調整食物的鹹度，就用一點純釀醬油提味……這種要求完美的態度，讓我自嘆不如，甘拜下風。

以我們的麥麩捲來說，當初同仁想做素食者也能吃的蛋捲，嘗試了好多方法才找到麥麩可以取代蛋香，再用花生帶出甜味，健康好吃的麥麩捲就做出來了。雖然麥麩捲的賣相比含有化學添加的蛋捲差了點，邊緣不太對稱，表面還有烤焦的顏色，但透過口碑慢慢打響名氣，成爲我們的暢銷商品之一。

集賢的產品很多，有鳳梨酥、香椿餅乾、洋芋捲，還有自行研發的堅果醬、抹茶南瓜子醬、蜂蜜黑芝麻醬和芝麻醬，都很受歡迎。我們爲這一系列產品取了一個很美麗的名稱——「愛天然Love Nature」，希望我們百分之百沒有添加物的食品能讓每個人吃得自然、吃得安心。

目前育成除了集賢庇護工場，還有專門烘焙的慈育庇護工場、負責印刷的慈惠庇護工場，以及與「Tina廚房」合作的育成蕃薯藤餐廳（忠孝庇護工場），連同育成洗車中心，提供上百位障礙者穩定的工作機會。我們不是營利單位，但跟所有公司行號一樣，很希望永續經營下去，只是我們追求的不是獲利，而是讓障礙者在人生旅途中有個立足之地，能夠自食其力，這樣我們就很滿足了。

只是庇護工場既沒錢又沒資源，經營起來很辛苦。有人建議我應該多辦活動，像是邀請名人代言，或是請廣告公司設計吸引人的CIS（企業識別系統），增加媒體的曝光率，這樣子生意會更好，募款也比較容易。

坦白講，我不是很贊同這種做法。社福團體募款是爲了照顧弱勢者，不是爲了賺錢放進自己口袋。如果我們花一百萬請廣告公司舉辦活動，吸引媒體與社會的注意，最後募到一百五十萬，算起來好像是「賺」了五十萬，但是這筆錢我用起來很不安心，畢竟人家捐錢是想幫助弱勢者，又不是要給廣告公司的。

有錢固然很好，沒錢也有沒錢的做法。我想，育成同仁都跟我有同樣的體認：社福團體的商品要做得長久，專業性與前瞻性才是最重要的。我們一步一腳印地開發產品、提升服務，就算目前還無法完全盈虧自負，但我相信老天爺是有眼睛的，祂一定看得到我們的努力，不會虧待我們。

我從來都不希望育成做得太大、太成功，畢竟社會福利應該是政府的責任，育成只是扮演從旁協助的角色，有多少錢做多少事，只要收支平衡就好。這二十多年來，我們不是年年難過年年過嗎？

只要再努力一點，我想，事情終究會改變。

5 垃圾變黃金

我先生是公務員，家境算是小康，只要省著點花，平常不太需要擔心錢的問題。創辦育成基金會以後，我才深深體會到「錢不是萬能，但沒錢萬萬不能」的金科玉律，所以拚命想著該怎樣讓基金會賺錢。如果老是跟人家伸手，英雄也會氣短。

記不得是哪一年在國外參訪時看到社福團體在做資源回收，既環保又能賺錢，覺得這個主意很不錯。就這麼巧，隔沒多久正好有舊衣回收商找上門來，問我們要不要做回收，於是育成在一九九四年成立資源回收部，開始回收舊衣及電池等物品，一方面提供障礙者就業機會，一方面也可以替基金會增加收入。

我沒做過生意，不過好像還滿有生意頭腦的，跟回收商交手了幾次，我便發現裡頭大有學問。這些廠商很精明，他們採取「各個擊破」的手法，跟每家社福團體談的條件不一樣，有的賺得多，有的賺得少，我覺得很不公平，要求他們統一收購價格，並聯合其他團體要求價格透明化，畢竟大家都是在替弱勢者做事，應該站在同一陣線。廠商跟我說：「你這麼會做生意，卻跑來做這個（社福），太可惜了！」其實我哪裡會做生意？我是「乞丐命」，只懂得把垃圾變黃金，要像王永慶、郭台銘那樣，還差得遠了。

台北市政府開放社福團體從事舊衣回收許可之後，育成順利申請到了資格，在幾個定點設置舊衣回收箱，貼上環保局核發的貼紙，載明社福單位及聯絡人，定期提供舊衣回收量、最終去處，以及清楚的財務報表，一切按照規定做事。

然而令人不解的怪事卻接二連三地出現。

同仁告訴我，他們發現市面上出現「山寨版」的回收箱，不知道是哪裡冒出來的。我特地騰出半天空檔四處亂逛，果然在信義區的某條巷子看到一個印著「愛心」「慈善」字樣的回收箱，但仔細一看，上面沒有環保局核准的貼紙，肯定是假的。我照著上面的電話號碼打過去問，對方先是支支吾吾什麼都說不出來，過了好一會兒才承認自己不是社福團體，是資源回收商。

「你們不知道只有社福單位才可以放回收箱嗎？你們怎麼可以這樣騙人？」我很生氣地問。

「雖然我們不是（社福團體），但我們賣舊衣的錢有捐給弱勢團體啊！」

不肖商人掛羊頭賣狗肉，仿冒回收箱賺黑心錢已經夠可惡了，更可惡的是，竟然有里長私自把合法申請的回收箱移開，換成他們跟業者「合作」的非法回收箱，育成放在羅斯福路六段的回收箱就是這樣，而且是被環保局拖走的。後來我們聽說，其他社福團體的回收箱也發生同樣的情況。合法的被拖吊，非法的反而沒事，天底下居然有這種事！

那陣子景氣很差，民眾捐款大幅縮水，舊衣箱又頻頻出狀況，對社福團體來說無異是雪上加霜。於是我們請市議員幫忙了解情況，沒想到環保局卻回覆說，是里長反映民眾用雨傘或勾子把衣服拉出來讓衣物散落一地，有礙觀瞻，他們才會出面處理。

這就怪了。如果里長覺得散落地面的衣物有礙觀瞻，整理一下不就好了，何必要環保局把整個回收箱拖走？而且環保局最該做的，不是盡速取締非法回收箱嗎？怎麼反而本末倒置，把合法的回收箱拖走呢？

我在台北市政府社福委員會開會時，痛批台北市至少有超過五十個里帶頭違法，私設回收箱和社福團體搶錢，質問市政府爲什麼放任不管？市長馬英九不疾不徐地說：「依法民衆若在私有地上設置舊衣回收箱，由於屬於私人財產，市府無權過問。若是在公有地上私設回收箱，只要確定違法，環保局就須立即清除。」說了半天，等於沒說。

媒體聽說這個消息，派記者去問設有非法回收箱的里長是怎麼回事，有里長承認：「社福團體回收箱經常爆滿，才決定增設回收箱。」至於回收的錢，里長則說：「用來購買社區巡守隊的消夜。」

這些里長這麼囂張，市政府卻一直拖著不解決。那陣子回收廠商一天到晚跑來跟我唉唉叫，說生意難做，希望育成降低回收價格，我想，或許這些人有辦法應付，便跟他們打商量：「價格可以降一點，不過里長的事你們去幫我處理，好不好？」

我不知道回收廠商是怎麼「喬」的，反正育成的回收箱從此再也沒被環保局拖走過了。

後來，假的舊衣回收箱是少了，卻莫名其妙多了一種「舊衣回收車」，它的車身有一朵蓮花，印上「○恩」之類的名稱，在路邊一停就是幾個月。經過我們調查發現，這是業者斂財的新招術，利用民眾的愛心收集二手衣物，再拿到東南亞、非洲去賣，等於是做無本生意。我們向市政府檢舉了好幾次，市政府卻找不到法規可以開罰，只能以流動廣告車開告發單或違法停車營利，罰款一千兩百元了事。眞是道高一尺，魔高一丈。

我擔任立委後，熟識的回收商告訴我，他們每年回收六萬多公噸的舊衣，不堪使用的大約有兩萬公噸，連抹布都做不成，只好統統燒掉。我覺得這樣很可惜，請同仁研究國外的做法，發現日本有技術可以分離衣服纖維的材質，做成再生織布或當成工廠鍋爐的輔助燃料，便在質詢時提出建議。環保署說他們會「提出研究報告，評估可能性」，然後就沒有任何下文了。

政府部門有如萬仞高牆，不管是要繞道而行或是爬牆翻進去都沒那麼容易。

我跟他們打交道那麼多年，早就已經有這樣的體認，只是沒想到進了立法院，情況仍然沒有實質上的改變。

改變是一點一滴累積起來的。我不知道自己能做到什麼程度，但我能夠做的，只有全力以赴。

▲ 2013 年 5 月，育成蕃薯藤開幕。

Chapter 6
責任與承擔

1

六十四歲的決定

像我們這代經歷過二二八、白色恐怖的人，就算沒有身受其害，多少還是會被那種恐怖的氛圍影響，心裡總認爲政治就像洪水猛獸，能不碰就不要碰，免得惹禍上身。

投身社福工作後，我與政府官員及民代經常往來，算是跟政治扯得上一點邊，但即使如此，我還是對政治沒有太大興趣。對我而言，不管統獨藍綠，只要願意關心及參與身障議題的人，都是可以求教與合作的對象。北智協、智總及育成的理監事或董事也都抱持同樣的想法，就算支持的政黨不同，大家仍互相尊重，不影響對組織的認同與向心力，這點眞的很難得。

有天，我接到民進黨社運部主任謝明達的電話：「阿姊，你在那邊『逋』那麼久了，應該要出來了吧？」

我一時沒弄懂他是什麼意思，問他：「要出來什麼？我不是已經出來很久了嗎？」謝明達解釋說，民進黨想提名我做不分區立委，所以他來徵詢我的意願。我嚇了一跳，因爲毫無心理準備，立刻說：「不要啦，我那麼老了，還去做什麼立委？乎少年的去啦！」

謝明達試圖說服我，說以我的社福背景和價值理念，很適合做立委。我一而再、再而三地婉拒，他似乎有點不敢置信：「你不要？眞的？爲什麼？」我推薦他們去找殘障聯盟的王榮璋，他們亦從善如流，事後證明榮璋是很優秀的立委，三年下來做得很出色。

過了三年，民進黨祕書長卓榮泰又來問我：「姊啊，你到底是在想什麼，怎麼都想不通？」

這回我一聽就懂，半開玩笑跟他說：「我就是什麼都沒有想啊！你是在說什麼？」卓榮泰告訴我，陳總統希望我去做不分區立委，而且是排名第一名，我想都沒想就婉拒了。天知道我連「不分區第一名」是什麼意思都搞不清楚。

隔了一、兩天，卓榮泰又來找我，表示陳總統想請我到總統府談一談。這下子要拒絕就難了，我馬上說：「不行啦，我先生肯定不贊成！」過沒多久，電話又來了：「總統說，那就請你先生一起來吧！」

我不是什麼大人物，總統這樣再三邀請我，我若是還拒絕他的好意實在很過意不去。於是我請卓榮泰給我幾天時間，讓我好好想一想。

消息一傳出去，很多朋友都來看我，想知道我的決定。他們的意見分成兩派：贊成的朋友認爲，過去社福界想促成法案，都有如狗吠火車，如今有機會直接參與法令的制定，當然要好好把握，屏東縣啓智協進會理事長李明龍還說要發動家長「一人一電話」，勸我非接下這個職務不可。

至於反對的朋友則認爲，我留在民間可做的事很多，影響力也不小，是否有必要轉換跑道？我在政治界有如一張白紙，進入立法院是可以盡情發揮所長？還是淪爲誤闖叢林的小白兔？這些都必須仔細評估。

過去，我一直沒有好好思考過這個問題。但現在，情勢逼得我不得不認眞地想一想。

我必須承認，就我個人的意願而言並不想進立法院。因爲對我來說，突然要轉換軌道擔任民意代表，這是非常大的轉變。在險峻的政治生態裡，想要擁抱弱勢者進行改革，是否非得選擇這條路？那麼多有理想的人寧可在體制外改革也不願意跳進這個火坑，我又何必自討苦吃？

但也有另一個聲音告訴我，如果政治圈如大家所說的那麼醜陋，不是更該有人跳進去改變嗎？因爲害怕政治而敬而遠之，這不是我的作風。我認爲民進黨有很多該做的事沒做，但他們是不知道還是做不到？如果我進了立法院，是否能提供不同的思維，讓他們聽聽社福界的聲音，進而支持並加入我們？

我知道，民進黨徵召我多少是因爲我在社福界累積的名聲，我不能只爲自己著想。而且，我擁有其他委員沒有的經驗，可以幫助他們認識身心障礙者及他們的處境。如果夠幸運的話，法令會改變、政策會改變，這是很有挑戰性也很有意義的事。

我告訴夥伴我的決定，並且要他們放心，就算進入立法院，我的心也不會離開，只要我還能爲社福界做事，不論在哪個位置，我都不會放棄。

我在接受徵召後發表的〈對過往努力的肯定，對未來責任的承擔〉一文是這麼說的：

……節如同意扛下這個重擔，民進黨九人提名小組更將節如排序在不分區第一位。這不是我的功勞，而是全體智障者家長團體以及兒、少、婦、老、殘各社福界的榮耀。

節如的身分認同首先是極重度智障孩子昆霖的媽媽，這個職務我當了三十二年，年資繼續增加中。然後是家長團體的代表二十年、社福聯盟的領導幹部十年，最後才是立法委員。這些辛苦照顧孩子家人、沒有退休金的家庭主婦，這一群被迫必須先成為「女人」，才是所謂的「人」的心聲，我能體會也感同身受，我不會忘記自己所代表的族群，也不會忘記我和這群憨兒及家長們的約定，那就是「父母深情、永不放棄」。

一個國家的進步指標，建立在最微小、最弱勢的人可以得到有尊嚴的照顧。由於社會急速變遷、人口老化嚴重、全球化的競爭市場，使得長期照顧變成不是個別家庭可以獨立面對和負擔的，必須透過國家進行資源的重新配置來分攤照顧重責。這就是我所背負的責任，希望所有社福需求者及工作者，和我一起好好利用未來四年立委任期，監督政府落實照顧政策。

這項職務無疑充滿了挑戰與困難，有如一條布滿荊棘的道路，但是我無所畏懼。智總的朋友送我「任重道遠」的匾額，我一直掛在立法院的辦公室裡，只要一抬頭就看得到。它時時提醒著我的責任，以及弱勢團體對我的期待。

這年，我六十四歲。

▼2007 年 11 月榮任民進黨不分區立法委員記者會。

2 立法院的震撼教育

長照服務法的無奈

從立法院的客人變主人，從倡議者變立法者，肩上的責任與壓力之大超出我的想像，我不得不把親力親爲的家事委由外人打點，讓自己專心問政。反正孩子都大了，不再那麼需要我，而且他們對媽媽的廚藝，好像也越來越不領情了。

初進立法院，我從零開始了解「院會」與「全院委員會」有什麼不同，什麼是「特種委員會」「程序委員會」，院會要如何進行表決，黨團協商要怎麼進行。我像個用功的學生，每天花幾個鐘頭研究議題及法令，與社福團體聯繫討論，了解他們的想法，再與黨團進行溝通。外界經常譏諷立委「只會打架，不會做別的事」，卻不知道要把這份工作做好，必須非常努力才行。

我不怕苦，不怕累，就怕事情做不好。花時間了解預算法案，與各方磋商協調，我一點都不怕，最怕的是每天走進立法院，大門口的警衛總是畢恭畢敬地跟我敬禮。我又不是什麼了不起的人，要人家這樣跟我敬禮？在立法院待了八年，警衛也跟我敬禮敬了八年，我一直很不習慣。

因爲長年在民間推動修法工作以及與政府機構打交道，我很清楚法律與現實的差距，就算法律條文寫得再漂亮，如果沒有考慮執行面，照樣窒礙難行。政策法案必須更加回應社會的需求，如何化理想爲現實而不是紙上談兵，成爲我最大的挑戰。

那時民進黨剛歷經大選挫敗、陳總統弊案纏身的傳言，士氣十分低落，而且在野黨席次那麼少，面對整屋子都是國民黨的委員，可以發揮的空間十分有限。不論是審預算或是審法案，如果我們不採取激烈的抗爭手段，外界就質疑說我們在放水，如果我們拉布條抗議，外界卻又說我們是「少數暴力」，眞的很難做。

一個人再有能力也不可能樣樣通，尤其是攸關國家政策的大事，必須要重視專業、廣納雅言、善於協調，才有可能成功。幸好過去累積的人脈讓我的新工作還算順利，提案或建議多半能得到支持，例如在修《特教法》時，國民黨的洪秀柱委員就很支持我的版本，並沒有因為黨派不同而蓄意杯葛。

不過碰到較具爭議性或有政治意涵的法案，情況就大不相同了。我花了許多心思溝通協調的《長照服務法》一波三折的立法過程，就是如此。

二〇〇七年，行政院長蘇貞昌核定「大溫暖」社會福利套案，其中「長照十年計畫」規畫了各種照顧模式、建立醫療網及社區照護體系，只可惜這樣的規畫與願景隨著國會與總統大選失利，並沒有大功告成。

馬英九總統上台以後，承諾延續「十年長照計畫」，並加碼提出「四年之內完成《長照保險法》」，行政院「長照保險推動小組」開了十幾次會，卻一直拿不出具體成果。直到二〇一一年，行政院突然丟出《長照服務法草案》，表示他們打算把長照服務網建置完全了，再來推《長照保險法》。

我興沖沖地拿起行政院版的《長照服務法草案》一看，卻發現問題一大堆。

首先，草案中明列相關機構管理方法就讓我百思不解。既然現行法令已有管理服務的條文，爲什麼還要另外弄《長照服務法》？這不是疊床架屋嗎？其次，長照經費是來自保險或稅收？爲何不在《長照服務法草案》裡頭說清楚，要等以後的《長照保險法》再來討論？

行政院倉促推出草案，就像一顆石頭投入湖心，在政黨間激盪起波波漣漪，十幾位立委紛紛提出不同版本，基本上大同小異（而且很多版本根本就是互相抄來抄去），最主要的差別在於國民黨最終想推保險制，打算先透過政府預算來支撐《長照服務法》，之後再銜接《長照保險法》；民進黨與社福團體則主張採稅收制，並對保險制持保留態度，因爲若是政府提供的服務不足，民衆會擔心自己繳了錢卻得不到照顧，很可能會拒繳保費，屆時長照的錢要從哪裡來？

漫長的討論過程中，朝野對長照基金的財源看法迥異，在委員會數度引發激辯。民進黨團認爲在兩黨未達成共識之前，要我不必參加協商，這讓負責召集協商的國民黨立委氣得跳腳，拚命罵我是「刻意缺席，意圖拖延立法時程」。一個月以後，法案按院會規定送出委員會，讓王金平院長在院會處理。

過去我跟許多人一樣，以爲政黨協商就是「黑箱作業」，後來才慢慢了解，如果沒有協商制度，什麼都得靠投票多數決的話，少數黨永遠沒有發揮的可能；反之，若是有政黨協商機制，反而讓少數黨有機會表達意見，未嘗不是件好事。

以《長照服務法》來說，若要算人頭表決，國民黨肯定占上風，我們一點機會也沒有，這也是我願意參與協商，做這種吃力不討好的事的原因。不過水能載舟，也能覆舟，部分小黨為了交換條件或搏取版面，經常要求逐條表決，進行議事杯葛，成事不足敗事有餘的例子也不在少數。

《長照服務法》從第七屆院會吵到第八屆院會，我一路居中協調，只是兩方立場不同又缺乏互信基礎，一直得不到具體結果。最後國民黨挾多數優勢在立法院贏了，想起這場打了六、七年的仗，以及這令人失望的結果，我心中仍然覺得惋惜。

沒有財源的長照有如空殼長照，服務等於是擺在那裡好看而已。如今許多服務機構因為核銷程序複雜，經費得在一年以後才領得到，不得不四處借貸支付員工薪資，再再證實了當初我們對長照財源的憂慮。

這就是民主政治的無奈吧。

捍衛弱勢者的居住權

我到立法院不到一個星期便發現立法院的無障礙設備做得很差，行動不便的老人或輪椅族無法暢行無阻。作為全國最重要的民意殿堂卻連這點小事都沒注意，我立刻在質詢時要求改善，才讓遷移至現址已超過半世紀的立法院，完成了無障礙設施的建置。

這就是弱勢者普遍的處境。他們既不會吵，聲音又小，不管在哪裡，他們的需要永遠被擺在最末位。我很想在職務所及範圍內盡可能幫他們解決問題。

弱勢者的居住權，也一直是個乏人問津的議題。

這幾十年來，台灣民眾所得沒有增加，房價卻不斷狂飆，台北市漲幅更高達百分之一百五十，不只年輕人買不起房子，不婚、不生，低收入老人與身障者連租屋都很困難，日子簡直快過不下去了。以前政府推動國宅政策想照顧他們，但因為兩年就可以轉賣，反讓房產業者有機會炒作房價，失去了原本政策的美意。

不論老弱殘疾，每個人都有機會住在負擔得起、品質適宜的住宅，這是我的夢想。如果政府願意主動爲弱勢者蓋房子，提供只租不賣的社會住宅，不就解決了嗎？爲什麼到現在我們還沒有一部相關法案出現？

我一面催促行政院把延宕多時的《住宅法》草案盡速送進立法院審查，一面打算提出我們研究多時的版本，包括政府應提供只租不賣的社會住宅，倡議制定《實價登錄三法》，健全不動產交易資訊，不讓一塊土地出現公告現值、公告地價、申報地價、市價等一地四價的亂象。

立法院政黨比例的現實環境讓政治角力的氛圍瀰漫著國會殿堂，有時除了政治的對決，還有金權的對抗。《住宅法》草案在千呼萬喚之下終於進了立法院，兩黨黨團也宣示會把它列爲優先法案，但審查過程卻相當緩慢。至於《實價登錄三法》也因少數立委強力反對，導致保留政黨協商：

「……侯彩鳳與劉盛良則有意見，擔心未來演變成實價課稅（《經濟日報》，二〇一一年十一月十五日）。」「劉盛良指出，目前稅制健全，地價機制完善，且《實價登錄三法》茲事體大，牽涉到七百九十多萬戶住宅未來發展，要求相關稅制配套完成修正後，實價登錄再行實施，且登錄資訊不得作課稅用途

（《經濟日報》，二〇一一年十一月十六日）。」

只是在討論「實價登錄」「房地產資訊透明化」的階段，就有人急著跳出來反對，實在很不尋常。更奇怪的是，國民黨放任自家立委出來阻擋優先法案，究竟是故意縱容，還是顢頇無能？想到法案在立法院裡原地空轉，幾個版本原地塞車，順利通過法案有如遙遙無期，總讓我感到無奈。

爲了擴大戰線、爭取盟友，我們決定與推動《住宅法》立法、督促「社會住宅」政策的「社會住宅推動聯盟」攜手合作，並與民間業界及專家學者密集開會、商討策略。我負責在立法院推動審查法案，他們在外面進行倡議，增加輿論壓力，對抗利益團體的反對。

二〇一一年十二月是個關鍵時刻，當時居住正義、土地正義在社會上引起很大的共鳴。加上時值總統大選，馬英九總統與蔡英文主席都在政見中回應了居住正義的具體主張。在這種社會氛圍下，《住宅法》在蝸行了十二年以後，終於在立法院第七屆第八會期即將休會前與《實價登錄三法》一同完成立法——雖然在政黨協商的過程中，部分條文早已被削得坑坑疤疤。

二〇一五年四月，內政委員會再次審查《住宅法》的修正案（提高弱勢比例）。那天國民黨的張姓委員一進來就怒氣沖沖地戴上口罩，說他前一天在審查《公投法》時，旁聽的太陽花學運領袖黃國昌罵他是「國會之恥」，讓他害怕到「收驚一個晚上」「這個夢魘一輩子都沒辦法忘記」。他說，這件事沒有得到妥善的處理，他一定會抗爭到底。

站在照顧弱勢者的角度，我當然希望盡快讓《住宅法》立法，落實居住正義，讓弱勢者確實受益。張委員把前一天被嗆聲的事拿到今天來抱怨，根本是牛頭不對馬嘴，我忍不住批評說：「我希望今天優先處理《住宅法》，不要把時間浪費在這裡。請求主席快點審《住宅法》，國家要進步往前走，不能在這裡墮落，如果委員自己不檢討，只會指責別人，這種委員不要也罷！」

可是對方沒理我，繼續在那邊「花」，還說，他懷疑黃國昌是民進黨找來「助拳」的。民進黨的某委員聽了很不高興，質問他：「你這樣懷疑我們，那今天要審《住宅法》，我是不是也可以懷疑你是跟房地產關係密切，所以才來發言杯葛？」

張委員一聽火就來了，不滿拍桌回嗆：「你怎麼可以這樣講？」

朝野立委輪番發言了一個多鐘頭，也吵了一個多鐘頭，法案一點進度都沒有。張委員與幾位國民黨籍立委聯手堅持要提散會動議，最後也以人數優勢表決通過了。事後，抗議高房價的民間團體「巢運」在臉書上說：

建商背景的「半分忠」爲立院房產立委首惡，除一年交易近百筆房地產猛撈之外，在之前《奢侈稅》《實價登錄》《住宅法》等居住公義相關法案立法過程中，總是站在「政商金權」這一方杯葛，放水。

這廝被巢運點名後，竟公開講「我沒有炒房，最痛恨炒房、炒地皮！」其臉皮之厚可見一斑，昨日阻擋公投法被黃國昌痛斥，今天就哭天說因此「要收驚」「有夢魘」，騙誰啊？

對於「半分忠」今日借題發揮，杯葛今日內政委員會《住宅法》修法審議的舉動，巢運公開贊同黃國昌「台灣國會之恥」之評論，我們認爲，張慶忠是住宅公義「一輩子的夢魘」！

巢運的冷嘲熱諷，張委員根本不為所動。接下來一週，他把內政委員會排滿考察行程，讓委員會無法再審《住宅法》，至於「考察」的地點則是廬山溫泉、武嶺、石門山步道、日月潭風景管理處等風景勝地。這種荒唐的事，知情的人不說，外界根本無從了解，反正只要媒體不報導的事，就等於不存在。

回顧這段漫長的遊說與立法過程，有點像八點檔連續劇，充斥著荒謬灑狗血的情節，也讓我看盡人性的自私與貪婪。但我沒有因此而灰心喪志，儘管憑我的能力，能做到的事可能很小，但該做的事，我還是一定會做。

這就是我，只要覺得是對的事，就會義無反顧、毫不退縮地做下去。

▼ 舉辦杖除路阻公聽會。

▼ 榮獲住宅學會頒獎「住宅貢獻獎」

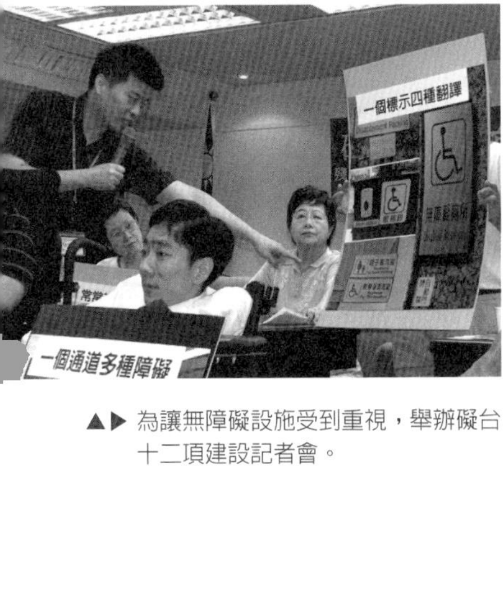

▲▶ 為讓無障礙設施受到重視，舉辦礙台十二項建設記者會。

3 魔鬼藏在口腔裡

背負著眾多家長的期待來到立法院，我沒有忘記過他們的托負。推動身心障礙者口腔健康照護工作，就是我回饋他們期待的問政重點之一。

在攸關身障者的眾多權益中，爲什麼我把口腔衛生看得那麼重要？當然與照顧昆霖的經驗有很大的關係。

昆霖聽不懂牙醫的指示，無法配合做出張嘴、咬合、漱口、呑口水的動作，每次聽到器械吱吱作響就很害怕，死都不肯坐上診療椅，醫師和護士得七手八腳，用束縛帶把他固定在椅子上，我則負責哄他逗他開心，想辦法轉移他的注意力，每次看牙都弄得像在打仗一樣，兵慌馬亂，人仰馬翻。

正因爲看牙不易，所以我很注意昆霖的口腔衛生，每天都會親自爲他潔牙。

剛開始我沒抓到訣竅，不知道先按摩雙頰可以讓嘴巴張開，手指經常被他咬傷，咬到鮮血直流。後來我學會了先用沾水的牙刷輕輕刷他牙齒，再用消毒過的紗布擦一遍，他習慣了以後就順手多了。

二十多年前，台大牙科在韓良俊及蘇宣銘醫師的努力下，催生了身心障礙者鎮靜麻醉牙科門診，昆霖再也不用被五花大綁，經過鎮靜或麻醉就可以安心看牙，而且前後只要花半天的時間。所以我常說，這些醫師眞是我們的救星。後來健保醫療費用支付標準有「限麻醉科專科醫師施行」的規定，蘇醫師不是麻醉科出身，不能爲病患進行麻醉，讓家長們傷透了腦筋。我聯絡曾任台南縣心智障礙協進會顧問的立委宋煦光一起去拜會衛生署長，爭取了好幾年，衛生署才同意以函示的方式解決了這個問題。

蘇醫師退休以後，昆霖換了一間醫院看牙，必須前一天就住院，第二天再進行麻醉治療。那次他整整哭鬧了一個晚上，拚命吵著要回家，我們也跟著一整夜沒闔眼，第二天每個人都多了一圈熊貓眼，眞的好慘。放眼大街小巷都是牙科，卻很難找到願意治療智障孩子的診所，難怪台灣智障者的蛀牙率高達百分之九十一，填補率卻不到百分之三十。

當時其實已有熱心的牙醫默默在做身障牙科的服務，像林鴻津醫師（長年在八里愛心教養院免費替院生看牙）、黃純德醫師（高雄醫學大學兒童暨身心障礙者牙科主治醫師），他們都是很低調，只會做事不會作秀的人，所以並沒有浮上檯面。

根據這兩位醫師的經驗，只要口腔衛生做得好，孩子感冒及腸胃病的發生率也會下降，在日本及八里愛心教養院的經驗都是如此。我心想，既然身障牙科不足是既定的事實，一時之間恐怕難以改善，或許可以從宣導口腔衛生，訓練孩子勤刷牙、多漱口著手做起。

一次搭機的場合，我遇到牙醫師全聯會理事長詹勳政，忍不住向他抱怨身障者看牙好難，詹醫師說，他們剛好也在思考這個問題，很願意跟我們合作。後來牙醫全聯會蘇鴻輝、黃建文、劉俊言和陳義聰幾位接任的理事長也都很努力推動身障牙科治療和預防工作。幾位熱心醫師甚至與智總共同成立特殊需求者口腔照護學會及身心障礙者口腔醫學會，多次赴日考察身心障礙者口腔護理制度，並在幾位熱心的牙醫師，包括：林鴻津、黃淳豐、詹嘉一、邱耀彰、蔡鵬飛、黃明裕、施建志等人的支持下，積極四處推廣口腔衛生，贊助社福機構兩百萬購買牙刷，免費替院生洗牙，還派遣種子教師到機構教導員工和家長正確的刷牙習慣，眞的很有心。

有回智總舉辦「身心障礙者牙科醫療保健座談會」，邀請黃純德醫師來分享經驗。他提到有智障患者送進急診時發炎指數飆高，幾乎快要腎衰竭，內科卻怎麼也查不出感染源。直到他接手做了口腔攝影，才發現是巨大的牙結石摩擦口腔內膜，造成潰瘍化膿引起的全身性感染，病患在全身麻醉下洗牙及拔除爛牙後，很快就恢復了健康。一顆牙結石竟會造成如此嚴重的感染，大家聽了都覺得很不可思議。

那天黃醫師也提到，像這樣的病人他一天頂多只能看十幾個，而且如果要做全身麻醉，還得另外調麻醉師支援，所以大醫院考量成本，通常不希望收太多這樣的病人，如果一般醫生想單獨開設特殊門診，更是不敷成本。這讓他感到有點無力。

我知道，要解決這些問題必須從制度著手。可是民間團體要想影響政策法令，談何容易？我在智總時擔任行政院社會福利委員會委員那麼久，拚命請衛生署規畫身心障礙者口腔保健門診不知道有幾百次，就算我說破了嘴，還是沒有人理我。

其實，我的想法很簡單，牙科醫療資源的欠缺主要來自門診的可近性不足，若要解決這個問題，除了設置固定專責的身障牙科中心，也應該提高身障牙科門診的補助及給付，增加牙醫看診的意願，這樣才是長久之計。

擔任立委之後，終於有了改變的機會。

我接下立法院「厚生會」會長一職，決心以「縮減貧富差距、重建醫療價值」爲主軸，致力重建醫療價值，確保醫療品質，而且只要有機會質詢衛生署長，身障牙科絕對是我的「必考題」，從葉金川到邱文達都是如此。他們大概被我問得煩死了，才相信我的決心，不得不加緊腳步規畫身障專屬牙科中心，也間接促成各縣市政府開始研究相關措施。

二〇〇八年，署立雙和醫院建置身心障礙者之牙科醫療服務獨立環境示範中心，除了直接提供口腔專門照護，也可結合院內資源提供鎮靜或全身麻醉的醫療服務。這也是台灣第一個身心障礙牙科的專門醫療機構。

如今，全國已有二十二家牙科醫院可以處理像昆霖這樣的病患，障礙程度更複雜，或是多重疾病的病患，則可到全國七所特殊需求者牙科示範中心接受治療，另外還有兩、三百家受過身障牙科基礎訓練的基層診所，可以負責提供洗牙、補牙等基本服務，嘉惠了許多家長與智障兒。

記得在雙和示範中心成立當天，我在受邀參加揭牌儀式時是這麼說的：

雙和醫院的特殊需求者口腔照護中心是一個可以執行麻醉、鎮靜、束縛的專業身障牙科中心，我希望它在未來能夠扮演先鋒的角色，在提供醫療服務過程中，也要肩負起培訓身障牙科醫師的責任，不斷地累積服務經驗，爲將來各地的身障牙科中心研擬設施設備標準，以及計算營運成本等工作。這才是全台灣身障者及家長最深切的盼望！

現在昆霖只要牙齒有狀況，都是到雙和醫院接受治療。寬敞無障礙的空間，完善的醫療設施，以及受過專業訓練的醫師叔叔及阿姨的細心照顧，大幅降低了治療的恐懼與疼痛，讓他不再那麼害怕看牙了。

當年帶著昆霖四處尋找牙科的辛苦，終於有了回報。

◀▼ 為推動身心障礙者口腔照護工作，多次參訪日本，終於在台大醫院及中山大學附設醫院成立特殊需求者牙科。

中山醫學大學附設醫院
「特殊需求者牙科醫療服務示範中心」
行政院衛生署獎勵設置
特殊需求者牙科
醫療服務示範中心

「牙醫界贈百萬助潔牙－推廣身障者口腔保健計畫」

臺北醫學大學・署立雙和醫院
特殊需求者口腔照護中心

4 憨媽的外交

二十多年來，我去過許多國家觀摩，次數已經多到數不清了。因爲這個緣故，我認識了許多朋友，包括日本育成會、香港協康會、香港弱智人士家長聯會、澳門弱智人士家長協進會、廣州市揚愛特殊孩子家長俱樂部、深圳市自閉症研究會的夥伴，彼此惺惺相惜，互相學習服務策略，並發展成固定的結誼組織（如兩岸四地華人地區智障家長組織）。每一次見面，除了專業知識的溝通，我也盡量把握機會介紹台灣的風景人文，準備一些台灣土產送給他們，算是爲國民外交盡一點心力。

我每次出國都是以NGO組織的身分與國外進行專業性的交流，自認不涉及什麼政治。沒想到，還是有踢到鐵板的時候。

二〇〇二年，透過日本育成會松友了先生的邀請，智總決定申請加入「國際智障者融合組織」（INCLUSION INTERNATIONAL，簡稱I.I），那年I.I在墨爾本的會議現場，有三名中國代表竟蓄意打壓我們的入會申請，那種強硬而蠻橫的態度，我到現在都記得一清二楚，然而，我也永遠記得擔任主席的紐西蘭代表Mr. Moral說：「既然我們組織名稱叫INCLUSION（包含），又有什麼理由把一個想進來的朋友排拒在外？」

一年之後，智總好不容易拿到了入會申請資格，可以在I.I於非洲布吉納法索的大會正式提出申請。布吉納法索是台灣少數的邦交國之一，我們特別跑去外交部，請教官員是否知道該怎麼做比較有利於入會，沒想到官員給我們的答覆是：「你們自己看著辦！」

幸好有日本等會員國的極力相挺，智總總算成爲I.I的一員，只是（又）礙於中共壓力，我們並不是正式會員，而是亞太地區的附屬會員。不過在外交處境如此艱困的情況下，能踏出加入國際組織的一步，我已經很滿意了。

擔任立委之後，我的問政重點在內政與衛環，跟外交沒有太大關係。但也是因緣際會，竟湊巧參與了幾樁國際性事務的交流，對我而言，這也是一段非常深刻的記憶。

今天西藏，明天台灣

西藏，香格里拉，世界的屋脊，距離天空最近的一方淨土，這是我原來對西藏最初的印象。除此之外，我對那裡的人文風土或歷史背景，並沒有太多了解。

二〇〇八年左右，一群來台藏（圖博）人沒有身分證，連求一個可以溫飽的工作都很難，生計頓時浮現困難。他們在自由廣場靜坐，拿著「自首」的牌子，邀請警察來抓他們，因為「在監獄裡至少不會餓死」。

那時我在內政委員會，台灣圖博之友會的副會長楊長鎮（現任客家委員會副主委）來找我幫忙。我覺得這些藏人被中國逼得走投無路，千里迢迢跑來台灣又過不下去，眞的很可憐，便去找蒙藏委員會商量，看怎麼樣可以幫他們解決居留的問題。

起初蒙藏委員會的說法是：「這是移民署的權限，我們無權過問，只能從中協調。」經過我跟田秋堇等幾位委員不斷遊說，終於在我主持的政黨協商下，修正《移民法》裡頭的相關規定，讓他們拿到外僑臨時居留證，解決了燃眉之急。這件事也帶給我很深的感想，就是政府官員眼裡只有成規，老是拿出「一切礙於規定」、「沒有前例可循」當擋箭牌，根本無視民衆眼下的痛苦，眞的很差勁。

這群藏人後來被安置在桃園一間工廠樓上，一百多個人靠著牆壁睡在地板上，一起吃大鍋飯。其中有工作證、可以工作的人，自動擔負起照顧其他人的責任，平均一個人得照料五、六個人，生活很不容易。

有天我找了個空檔去桃園，坐下來，聽他們訴說從家鄉被連根拔起，來到異國顚沛流離、有家歸不得的痛苦。從他們的處境，我看到了歧視、迫害與不平等。他們告訴我，爲了抗議中共高壓統治，剝奪他們的信仰自由，已有上百位藏人點燃身體自焚，台灣的媒體卻故意無視這個問題。

想像一個人手上沒有任何武器，只能用生命來訴說痛苦，這是何等慘烈的狀況！「今日的西藏，明日的台灣。」光是想到這點，我就沒有辦法讓自己置身事外。我承諾會盡一切努力，讓他們得到妥善的處置。

這個問題不能只靠少數人的良知與吶喊，必須要有公部門的力量介入。然而政府對藏人的態度一直很曖昧，按照《中華民國憲法》，西藏是我們的國土，如果是這樣的話，藏人應該是自己同胞才對，結果我們不願意發給他們身分證。如果把藏人當成外國人，藏人配偶便無法享受外籍配偶的待遇，永遠沒有居留的可能。如果把他們當成難民，我們又沒有《難民法》來規範。所以只要一碰到問題，相關單位就推來推去，一副事不關己的樣子。

接下來兩、三年，我親自上陣與各部門協調，協助從印度、尼泊爾來的近一百位藏人朋友取得合法居留權和工作權，再也不用過著躲警察的驚慌日子。我也要求政府取消藏人簽證註記「不得改辦居留」的規定，幫助藏人配偶取得長期居留權，再也不用每隔半年就要出境一次，讓全家人分隔兩地了。

有天從議場開完會走出來，才剛踏進辦公室，助理告訴我，在台西藏人福利協會的札西慈仁帶了幾位藏人朋友來看我，想表達對我的謝意。我還沒來得及反應，幾位藏人婦女「啪」地一聲，齊齊跪在我面前，雙手獻上表示敬意和祝禱吉祥的哈達。

眼前的景象讓我震驚得說不出話來。關心西藏就是關心人權，這是我基本的價值與信念。但是對藏人朋友來說，一條法令，一紙公文，卻足以改變他們的人生吧！無論如何，我很高興有機會能助他們一臂之力。

二〇一一年，爲祝賀流亡藏人首度經由普選產生內閣，民進黨主席蔡英文請我擔任特使，前往流亡政府所在地——印度的達蘭薩拉，出席新總理洛桑桑蓋的就職典禮。能夠親眼見證、參與這段歷史，又見到我向來尊崇的達賴喇嘛，親耳聽到他幽默風趣的言談，眞是不虛此行。

過去幾千年以來，西藏一直介於中國與印度之間，地理上的宿命在印度收留藏人流亡政權之後變得更爲複雜，雙方在邊境各自布下重兵，情勢一直十分緊繃。即使如此，藏人流亡政府的國際能見度卻很高，讓世界無法忽視他們的存在。這個流亡政府很小（大概只有四百個人，比育成基金會的員工還少），卻能發揮如此巨大的外交能量，可說是麻雀雖小，五臟俱全。

日後西藏流亡政府數次派員來台造訪時都會到立法院找我，我和蕭美琴及達賴喇嘛西藏宗教基金會董事長達瓦才仁，也很想促成達賴喇嘛來台訪問，只是馬英九總統不點頭，我們也只能徒呼負負。

幾個月前，立法院內政委員會初審通過《入出國及移民法》第十六條修正草案，讓最後十多位沒有合法身分的藏人有機會申請合法居留了，我心裡有說不出的安慰。一個前任立委對藏人朋友的心意，或許不會在歷史上被大書特書，但那是我該做的事，我感到很心安。

印度之旅

印度這個國家既神祕又古老，也給人很大的想像空間。小時候看《阿里巴巴與四十大盜》的故事就對這個國家好奇得不得了，沒想到年過六十，竟有機會親自造訪這個天方夜譚的國度。

第一次到印度，是二〇一一年參加完西藏流亡政府總理的就職典禮，從德蘭薩拉回到印度新德里，我和民進黨國際事務部副主任謝懷慧、民進黨外交事務顧

▲ 拜訪藏人臨時居所，了解其問題。

▲ 2013 年圖博抗暴紀念遊行。

▲ 與達賴喇嘛合照。

▲ 代表蔡總統祝賀洛桑桑蓋出任西藏流亡政府總理。

問賴怡忠等人，一同拜會印度前總統卡蘭、執政的國大黨，及最大反對黨印度人民黨等。這也是我生平第一次的印度之行。

這些年來，印度已經發展爲經略全球的重要據點，尤其在中國投資環境改變後，像印度擁有這麼多的年輕勞動力，以及持續成長的中產階級等條件，從台灣直飛又只要六個半小時，市場的規模和潛力都不亞於中國。

拜會商工部時，我提出「開闢台灣專區的構想」，指出台商到印度投資，如果可以自己處理水、電等問題，就不會受到基礎設施不夠完善的影響，日本在第三世界國家的投資與發展都是採用這樣的模式。商工部代表聽了很高興，表示將盡快安排組團到台灣考察，我也允諾回台以後會接洽業界，協助安排代表團的行程，多多促進兩國交流。

八月的印度氣溫高達四十幾度，我們一面開會，一面忍不住拿起公文當扇子拚命搧。不知道是不是商工部沒有冷氣，那天辦公室的窗戶全部大開，開會開到一半，突然有隻猴子沿著窗櫺爬進來，嚇得我們目瞪口呆，印度官員卻都老神在在，一副稀鬆平常的模樣。

印度的朋友說，新德里有百分之七十的面積被森林覆蓋，政府規定不能任意砍伐，所以四處常有野生猴子跑來跑去。離開商工部，我們站在門口正在等車子的時候，發現商工部的外牆全是猴子，還在那裡吱吱亂叫，那個場景眞是壯觀。坐上了車，透過窗戶往外看，新德里的街上隨處都是大象、駱駝、牛、豬，而且每個人動作都慢慢的，就連官員也是這樣。我想，這就是他們的生命經驗，跟台灣（台北）的生活節奏，眞的是天差地別。

離開印度前一天，台灣駐印度代表翁文祺請我們吃飯。他不無感嘆地說，印度市場的規模和潛力絕對是下一個中國。他也一直很想促成兩國高層互訪，研究台印自由貿易協定的可行性，只是政府單位的態度很猶疑，讓他覺得很遺憾。

回台以後，我想到可以讓國會作爲台印交流或談判平台，於是找了幾位志同道合的委員組成「台灣與印度國會議員友好協會」，以促進兩國經貿交流爲目標，並在連任不分區立委後的二〇一四年，率領尤美女、林淑芬、管碧玲、姚文智等立委再次造訪印度。這也是在野多年的印度人民黨執政後，台灣首度前往造訪的國會參訪團。

這次的印度行程，我們參觀了印度大力爭取外資來投資的古吉拉特省，當時已有Honda、Toyota、Ford等大型汽車公司在那裡設廠，顯見未來的發展潛力。我們也造訪中鋼公司位於Dahei工業區的冷壓鋼廠，以及清華大學派到印度的華語教師，我特別從台灣帶了點名產，送給他們解解饞。

或許是許久未聞鄉音，幾位華語老師顯得特別開心，他們告訴我，印度的生活條件不好，他們又沒有資源，隻身在異鄉開疆闢土，真的很辛苦。這群老師除了教學，還必須肩負宣揚台灣文化的重責大任，可是教育部不太理他們，不只經費核銷緩慢，還製造出許多不必要的行政程序，讓這些在前線打拚的年輕人有點氣餒。

就像翁代表所說：「台、印之間地理上的距離雖然算近，但心理的距離卻很遙遠。」台灣民眾普遍對印度的印象不是很好，總覺得那裡又髒又亂、效率不好、基礎建設落後，不是投資就業的好環境。然而在我看來，印度是個大國，將來會在亞洲扮演非常重要的角色，是個充滿很多可能性的國家，我們應該更用心發掘這些可能性。

二〇一六年蔡英文當選總統之後，特別提到新政府的「新南向政策」，表示將與亞洲其他國家建立多元夥伴關係，尤其將強化對印度的關係，這讓我十分振奮。希望新政府的「新南向政策」不只是口號，也能爭取印度成為台灣實質的國際盟友，至於成敗與否，就看未來蔡總統怎麼做了。

▲ 與 2014 年諾貝爾和平獎得主沙提亞提（中）合影。

▲ 與印度前總統、詩人卡蘭合影。

▲ 因緣際會參與了幾樁國際性事務的交流，也是很難忘的經歷。

4 圓圓滿滿的「畢業典禮」

當初答應陳總統擔任不分區立委，多少是礙於情面。我心想，反正只做四年，四年到了以後就可以回社福界繼續打拚了。

沒想到四年之後，蔡英文主席說要借重我在社福界的人脈與經驗，希望我留下來，結果我又繼續在立法院待了四年。第二次連任，我沒有特別的心情，只是感覺肩上的壓力更大了。

八年的時間說長不長，說短不短，但對我來說，眞的已經夠了。

照理說，台灣歷經兩次政黨輪替，委員人數減少那麼多，問政水平應該是大幅提升才對。但在立法院待了八年也觀察了八年，老實說，我是有點失望。

「立法委員」顧名思義，我們的工作就是審查法案及政府預算。想想行政院有多少部門，多少人員，他們的業務涉及多少專業知識，我們不可能樣樣精通，必須花費很多時間與精神，才有辦法進行監督。

我的個性是只要覺得對的，就會義無反顧、毫無退縮地去做。然而有部分立委擔心得罪選民，變得很多事既不敢做也不敢說，明明是很有能力的人，每天卻只忙著跑紅白帖、喬病房喬機票，眞的很可惜。還有立委天天趕著上節目當名嘴，好像不是在「做立委」而是在「演立委」，助理的工作就是替他們寫台詞，他們只要照著唸就好了。

在電子媒體當道的時代，政治人物要能掌握講話的時間跟氣氛，最好還可以配合記者要求說些聳動的言詞，才會受到青睞。我不是那種喜歡上電視跟人家相罵的人，也沒有本事上通天文、下知地理，什麼都能聊，媒體的曝光率不高。朋友勸我應該多找機會跟記者聊聊，人家才知道我做了什麼。但我總覺得，一個人做了什麼事是他自己的事，是他跟老天爺的事，只要問心無愧就好，何必昭告衆人？我在立法院八年，從來沒請記者吃過一次飯，連他們的名字都叫不出來。

我這種低調、不張揚的個性，在家也是一樣。說起來可能很多人都不相信，我在家裡絕口不談公事，像什麼個案評估、如何評估、牽涉什麼法令，這些都太專業了，小孩子才不會有興趣。他們只知道我很忙，經常出國開會，至於我在做什麼，我從來不說，他們也不問，同學也不知道他們媽媽是何許人。

我做立委時，我女兒有個同學在田秋堇那邊當助理，經常在我們辦公室進進出出的，從來都不知道我是他同學的媽媽。還有個觀光局的主管也是我女兒的同學，常跑來我們家吃飯，李媽媽長、李媽媽短地一直叫，也沒認出我來。後來她不曉得是怎麼發現的，跑去問我女兒說：「你媽媽是陳節如喔？」從此，她再也沒來過我們家了。

在我決定進立法院那天，便決心要守護人民的權益、守住百姓的荷包，然而我也必須承認，這八年來，我偶爾還是有守不住的時候。畢竟立法院打的是團體戰，不是個人戰，很多事情都是靠政治解決。有時我也不免懷疑，政治眞的有那麼重要？重要到可以把人民的利益與公正的價值暫時放一邊？

在立法院裡，我看過無數人性的善與惡、寬容與仇恨，也越來越確定這裡不是最適合我發揮的所在。所以任期一到，我投注許多心力的《特教法》《身心障礙者權益保護法》《長照服務法》《住宅法》也有了一定成果，就高高興興地準備打包離開了。

這八年來要感謝的朋友太多，我無法一一致意，於是決定在卸任前舉辦一場「圓圓滿滿　卸任感恩」茶會，順便跟大家聚聚。沒想到當天來了幾百人，把整個會場擠得滿滿的。老柯（柯建銘）語帶感性地說，他要建議民進黨中央修改不分區立委提名辦法，讓學者專家組的不分區立委不再受限只能連任兩屆，而且要稱爲「陳節如條款」，希望我可以再度「回鍋」。

說真的，對於立委這個職務我絲毫沒有眷戀，只是還沒完成的改革讓我有些掛心，像是《醫療糾紛及醫療事故補償法》還沒有完成二、三讀，《民法》意定監護制度也還沒有完成法務部的共識會議，長照經費來源的爭議和長照機構管理法……都有待接手的委員繼續努力。

我帶著期許進來，也要留下期許離開。多年之後，大家未必記得「陳節如」是誰，但只要我付出過努力的法律條文和制度能夠留下來，我就很滿足了。

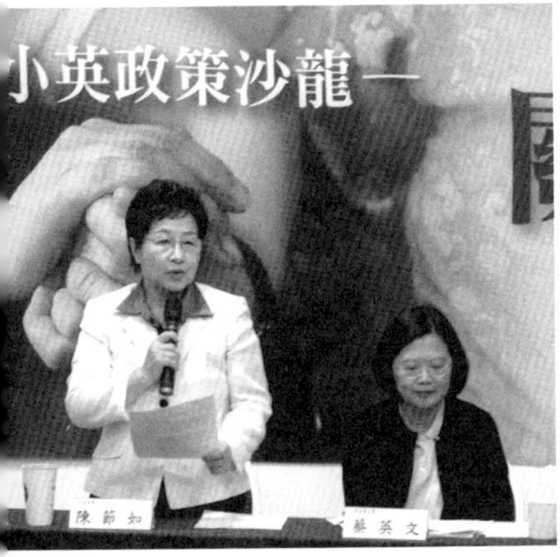

▲ 這八年來，除了守護身心障礙者權益外，也參與許多政策，得到了許多肯定。

尾聲

曾經有人問我，如果人生可以重來，我會選擇什麼樣的人生？說眞的，我從來沒想過這個問題。

從小，我就是個愛管閒事，喜歡打抱不平的人，只要是想做的事就一定會去做，再困難都會想辦法解決。投入社福工作之後，我充分發揮了這種個性，只要是對的事情就會堅持到底，從來不怕得罪人。

朋友常說我這個人「憨憨」，老做些沒錢還得倒貼的事（我一直到做了立委才開始有薪水可領）。可是我覺得人生不是自己過得好就好，也要想辦法讓別人過得一樣好，這是做人的社會責任。至於這樣的「使命感」從何而來？我想，這就跟孫中山一樣，從來沒有人逼他，而是他對未來有理想、有目標，才會心甘情願跑出來革命，對不對？

若眞要深究起來，或許與我經常出國參訪有點關係吧。我在美國看過肢障者拄著枴杖，獨自悠悠閒閒地在公園散步，也在日本見到智障者在親友協助下，坐在輪椅上靜靜地欣賞櫻花，就算他們身心有障礙，卻不妨礙享受生命中的美好。那樣的畫面總是讓我低迴不已。

「外國能，爲什麼我們不能？」這樣的經驗多了，想要改變現狀的責任感就會自然而然地浮現了。

我從閱讀與實際經驗知道，障礙者的處境向來是檢驗一個社會文明與否的重要指標，它就像是一面誠實的照妖鏡，照出我們心中根深柢固的歧視。

那天我在便利商店，看到一位腦痲的男孩拿了牛奶走到櫃檯，卻無法順利地從口袋裡掏錢，店員明顯露出不耐煩的表情。我立刻走上前去，幫男孩把錢從口袋裡拿出來，店員頭也不抬地把錢放進收銀機，嘴裡還不停地嘟噥著不滿。

這雖然只是件小事，我仍不免感慨萬千。大家不是都說台灣最美的風景是人嗎？爲什麼只要遇到障礙者，我們最引以爲傲的「最美的風景」就消失了呢？

法令的、制度的問題還可以透過遊說、修法進行修正。若是涉及觀念的變革，恐怕就沒那麼容易了。

障礙者與一般人確實是有差異，而這樣的差異就像彩虹有七種顏色，各有各的美，只是彼此不同罷了。我們不必刻意遮掩障礙者與我們的差別，也不必蓄意壓制人性的弱點，可是我總希望每個人都可以試著去了解，而不是一味排斥這樣的「不同」。台灣這塊土地應該大到足以容納這些身心有缺憾的人，讓他們與我們一樣，享有同樣的幸福。

現在台灣身障者的權利與照護服務跟昆霖出生的那個年代比起來，已有很大的進展——或許比不上歐美國家，但至少是在前進的路上。這其中有許多令人感動及感謝的人與事，我無法一一細說，至少我可以肯定，無論是早療、就學、就業等措施，家長們已不再需要上街頭抗議拚命爭取，而是法令明定應有的權益了。事隔多年再回頭看當年堅持所帶來的改變，我感到無比的欣慰。

人生確實有太多的選擇。當年選擇爲心路基金會募款，選擇成立北智協、智總及育成基金會，爲障礙者的權益奮鬥……如果人生能夠重來，老實說，我不知道自己會怎麼選。「承擔」的後面永遠都是別人看不見的付出與犧牲，既然別人以爲眼前的一切理所當然，我們也要放下執念，不需要有任何怨嘆。

如果把人生當作是一趟旅行，這趟旅行到底該怎麼走？是一路抱怨天氣不好，風景平淡？還是珍惜當下，埋頭苦幹，不問收穫，只問耕耘？我選擇後者。

卸下立委的職務，我那高齡九十多歲的媽媽很高興地說：「節如啊，現在你可以退休，待在家裡享享清福了吧？」我聽了覺得好好笑，我身體還那麼好，想做的事還那麼多，爲什麼要退休？工作就是我最快樂的時候，要我每天無所事事坐在家裡看電視？我才不要。

隨著台灣社會高齡化、少子化的趨勢，未來需要照顧的人只會越來越多，能夠支持照顧的人卻逐漸減少，如何讓每個人都能享有周全的照護，讓提供服務的人都能獲得相對合理的報酬，讓每個人能露出燦爛的笑容、過著健康快樂的生活，是我下一個階段努力的目標。

在這本書即將付梓之際，回想起過去種種，內心百感交集。我始終相信，權利永遠不能只靠呼口號而得到，而是得憑藉著勇氣、毅力和使命感。如今我已不再年輕，但是鬥志仍在。在日後的歲月裡，我仍會竭盡所能地繼續拚下去，擁抱弱勢者、爲他們發聲，讓家長能安心地放手，讓孩子平安地度過一生。

這是一場無止盡的戰鬥，我不會缺席。

▲ 這是一條人跡罕至的路，但我會繼續走下去，不忘初衷。

Eurasian Publishing Group
圓神出版事業機構
用心與你對話．視野無限寬廣
圓神出版社
Eurasian Press

www.booklife.com.tw reader@mail.eurasian.com.tw

圓神文叢 207

爲愛，竭盡所能：弱勢權益推手陳節如的奮戰之路

口　　述／陳節如
執　　筆／陳昭如
發 行 人／簡志忠
出 版 者／圓神出版社有限公司
地　　址／台北市南京東路四段50號6樓之1
電　　話／（02）2579-6600．2579-8800．2570-3939
傳　　真／（02）2579-0338．2577-3220．2570-3636
總 編 輯／陳秋月
主　　編／吳靜怡
責任編輯／吳靜怡
校　　對／孫一信．吳靜怡．周奕君
美術編輯／金益健
行銷企畫／吳幸芳．張鳳儀
印務統籌／劉鳳剛．高榮祥
監　　印／高榮祥
排　　版／杜易蓉
經 銷 商／叩應股份有限公司
郵撥帳號／18707239
法律顧問／圓神出版事業機構法律顧問　蕭雄淋律師
印　　刷／祥峯印刷廠
2017年1月　初版

定價 260 元　ISBN 978-986-133-604-6

所有的改變，都是從一個人開始，但沒有任何改變只靠一個人就能成就。

——《爲愛，竭盡所能》

國家圖書館出版品預行編目資料

為愛，竭盡所能：弱勢權益推手陳節如的奮戰之路／
陳節如 口述；陳昭如 執筆. -- 初版 -- 臺北市：圓神，2017.01
224 面；14.8×20.8公分 --（圓神文叢；207）
ISBN 978-986-133-604-6（平裝）

1. 智能障礙　2. 身心障礙福利　3. 通俗作品

548.2　105022183

中華民國立法院

立法委員陳節如
圓圓滿滿 卸任感恩
國家至上
陳姐，歡迎回家！
中華民國智障者家長總會